내 이름은 말랄라

내 이름은 말랄라

펴낸날 2014년 3월 10일 1판 1쇄
2015년 5월 20일 개정판 1쇄

글쓴이 허운주 | **그린이** 오세영
펴낸이 강진균 | **펴낸곳** 삼성당
기획 변지연 | **편집** 본사편집부
마케팅 변상섭 | **제작** 강현배

주소 서울시 강남구 선릉로 747 삼성당빌딩 9층
대표 전화 (02)3443-2681 | **팩스** (02)3443-2683
홈페이지 www.ssdp.co.kr
출판등록 1968년 10월 1일 제2-187호
ISBN 978-89-14-01962-2 (73990)

ⓒ 2014 허운주

· 저자와의 협의에 따라 인지는 붙이지 않습니다.
· 이 책에 사용된 사진은 소장처의 허락을 받아 게재한 것입니다. 저작권자를 찾지 못해
   게재 허락을 받지 못한 일부 사진은 저작권자가 확인되는 대로 게재 허락을 받고 사용료를 지불하겠습니다.
· 이 책은 저작권법에 따라 보호받는 저작물이므로 무단전재와 무단복제를 금지하며,
   이 책 내용의 전부 또는 일부를 이용하려면 반드시 (주)삼성당의 서면 동의를 받아야 합니다.
· 파본은 바꾸어 드립니다.

내 이름은 말랄라

글 허운주 그림 오세영

삼성당

추천의 말

너도 말랄라

　다른 사람들을 위해 정의롭게 실천하는 용기를 발휘하는 사람은 그리 흔치 않습니다. 그런데 십대 소녀 말랄라가 아름다운 용기로 지구촌 수많은 사람들의 마음을 뒤흔들었습니다. 말랄라가 유엔에서 한 연설은 얼마나 감동적인지요.

　"저는 어느 누구도 미워하지 않습니다. …저는 탈레반과 모든 테러리스트들의 아들 딸들도 교육받기를 원합니다. …우리는 어둠 속에서 빛의 중요성을 깨닫습니다. 침묵을 강요받을 때 외침의 중요함을 알게 됩니다. 우리는 총 앞에서 책과 펜의 중요성을 깨달았습니다. …극단주의자들은 책과 펜을 두려워합니다. 교육이 그들을 겁먹게 합니다. 그들은 여성을 두려워합니다. …함께하는 우리는 세계를 변화시킬 수 있습니다. 지식이라는 무기로 무장해 함께 싸운다면 우리는 목표를 달성할 수 있습니다. …어린이 한 명, 선생님 한 분, 책 한 권, 펜 한 자루가 세계를 변화시킬 수 있습니다. 교육만이 유일한 해결책입니다."

　나는 말랄라가 너무 사랑스럽고 존경스럽습니다. 그리고 참 부럽습니다. 읽고 쓰고 셈하는 기초 교육조차 받지 못하는 어린이가 아직도 2억 5천만 명에 이르는 지구촌. 교육의 중요성을 말랄라처럼 힘 있게 외칠 수 있는 사람이 얼마나 될까요.

　'모든 어린이가 행복한 세상'을 위해 유니세프에서 일하면서 아무리 학교에 가고 싶어도 좀처럼 다니지 못하는 어린이들을 곳곳에서 수없이 만납니다. 가난한 살림을 돕기 위해 막노동을 해야 하는 어린이. 뙤약볕 내리쬐는 자갈길을 맨발로 온종일 걸어서 가족들이 마실 물을 길어 와야 하는 어린이. 학교에 화장실이 없어서 차마 학교에 다닐 수 없는 여자 어린이. 지진·태풍·전쟁 등의 재난 때문에 다닐 만한 학교를 잃은 어린이. 어떤 상황에서도 일단 배우며 미래를 꿈꿔야 하는 어린이들을 위해 말랄라는 이루 말할 수 없이 큰 일을 한 셈입니다. '배울 권리'를 외치다 목숨까지 잃을 뻔했지만 전혀 겁내거나 포기하지 않고 단호하게 생각을 말하는 말랄라의 용기와 신념은 놀라울 뿐입니다. 말랄라 같은 친구들, 말랄라 닮은 이웃들이 점점 많아진다면 배우고 싶어도 배울 수 없는 어린이는 옛이야기 속으로 사라지겠지요.

혹시 학교에 가기 싫은 날은 말랄라를 생각해 보면 어떨까요? 말랄라를 소개하는 기쁨이 참 큽니다. 어쩐지 말랄라를 닮은 어린이들을 좀 더 많이 만나게 될지도 모른다는 기대 때문인가 봐요. '너도 말랄라 같구나!' 하고 날마다 누군가를 칭찬하고 싶습니다.

유니세프한국위원회 본부장 **김경희**

작가의 말

모두가 학교 가기를 꿈꾸는 소녀

"안네 프랑크!"

한 번쯤 이 이름을 들어 봤을 거예요. 2차 세계 대전 당시 나치 독일의 눈을 피해 은신 생활을 한 소녀예요. 안네의 일기장에는 소녀의 눈에 비친 전쟁의 참혹함과 불안함, 나치의 잔인함이 자세히 써져 있었어요.

안네는 일기장에 '종이는 인간보다 더 잘 참고 견딘다'라고 적었습니다. 안네의 일생은 너무나 어린 나이에 끝이 났지만, 그녀의 말처럼 종이는 인간보다도 더 잘 참고 견뎠어요. 1942년 6월 12일부터 1944년 8월 1일까지 은신처에서 몰래 살았던 기록이, 안네가 인간보다 더 잘 참고 견딘다고 믿었던 종이에 남았던 거예요.

70년이 지난 오늘 우리는 또 다른 소녀, 말랄라를 만났습니다.

말랄라는 종이대신 세계를 거미줄처럼 이어 주는 인터넷에 자신의 블로그를 만들었어요. 테러 조직 탈레반 때문에 학교에 가지 못하는 일, 배우지 못한 슬픔과 안타까움을 써내려갔죠. 그리고는 탈레반의 총에 맞았어요.

"가장 강한 무기인 책과 펜을 들고 문맹과 빈곤, 테러와 맞서 싸워야 합니다. 어린이 한 명, 선생님 한 분, 책 한 권, 펜 한 자루가 세계를 변화시킬 수 있습니다. 교육만이 유일한 해결책입니다."

기적처럼 살아 돌아온 말랄라는 전 세계를 향해 외쳤습니다. 안네의 일기처럼 말랄라의 연설은 전 세계인의 가슴을 울렸어요.

오늘 학교는 잘 다녀왔나요? 친구들과는 어떤 즐거운 대화를 나누었나요? 급식은 맛있었나요? 이런 평범한 일상의 기쁨을 말랄라와 안네는 누리지 못했어요. 전쟁과 테러는 학교 문을 막고 배움의 기쁨을 빼앗아 가요.

앞으로 어린이들이 행복하게 살 수 있는 세상을 만들기 위해 어른인 제가 더 많이 노력할 거예요. 여러분도 말랄라처럼 용감하고 당당한 어린이로 살아가길 바랄게요.

사랑하는 두 딸 장지원과 장혜원이 들려 준 평화와 용기 이야기가 글을 쓰는데 많은 도움이 됐습니다. 그리고 그림으로 말랄라의 삶을, 진정한 평화를 보여 준 오랜 친구이자 동료인 오세영 씨에게 감사합니다.

글쓴이 **허운주**

차례

내 이름은 말랄라입니다	12
문 닫힌 교실	16
신이여 감사합니다	20
다시 학교에 가다	26
인권 운동가 아버지	31
학교에 가고 싶은 분쟁 지역 어린이들	37
말랄라의 소망, 유엔의 꿈	41
세상에서 가장 멋진 생일 선물	46
칼보다 강한 펜	51
어린이를 위해 노벨평화상을	56
겸손한 노벨평화상 후보	61
말랄라 신드롬	66
그리고 1년, 또 다시 세계인의 가슴에	70

하늘에서 반짝이는 말랄라	73
말랄라의 교육 실천은 끊이지 않습니다	75
노벨상 ABC	78
말랄라가 만난 사람, 존경하는 사람	82
반기문 유엔 사무총장	84
김용 세계은행 총재	89
아웅산 수치	96
버락 오바마	104
넬슨 만델라	112
마더 테레사	120
마틴 루터 킹	129
마하트마 간디	137

유엔 본부에서 열린 청소년 유엔 총회에 참석한 말랄라

우리는 어둠 속에서 빛의 중요성을 깨닫습니다. 침묵을 강요받을 때 외침의 중요함을 알게 됩니다. 우리는 총 앞에서 책과 펜의 중요성을 깨닫습니다. 펜은 칼보다 강합니다. 극단주의자들은 책과 펜을 두려워합니다. 교육이 그들을 겁먹게 합니다. 그들은 여성을 두려워합니다.

함께하는 우리는 세계를 변화시킬 수 있습니다. 지식이라는 무기로 무장해 함께한다면 우리는 우리의 목표를 달성할 수 있습니다. 우리는 빈곤과 부정, 그리고 무지로부터 고통받는 사람들 수백만 명을 잊어서는 안 됩니다. 또한 교육받지 못하고 있는 어린이들을 잊어서는 안 됩니다. 가장 강한 무기인 책과 펜을 들고 문맹과 빈곤, 테러와 맞서 싸워야 합니다. 어린이 한 명, 선생님 한 분, 책 한 권, 펜 한 자루가 세계를 변화시킬 수 있습니다. 교육만이 유일한 해결책입니다.

- 말랄라 2013년 7월 유엔 연설 중에서

> 내 이름은
> 말랄라입니다

2013년 지구촌을 뒤흔든 소녀가 있습니다. 노벨 평화상 후보에 올랐던 말랄라 유사프자이예요. 노벨 평화상은 지구의 평화를 위해 일했던 사람들이 받는 상입니다. 넬슨 만델라 전 남아프리카공화국 대통령과 버락 오바마 미국 대통령 등이 수상했어요. 하지만 열여섯 살 소녀가 노벨상 후보에 오른 것은 처음이에요. 우리나라 중학생 또래의 소녀가 세계 평화를 위해 일했다는 것이 쉽게 상상이 가나요?

말랄라는 누구일까요? 도대체 무슨 일이 이 소녀에게 벌어졌던 것일까요? 지금부터 말랄라의 이야기를 들어 볼까요.

미국 하버드 대학의 인권상을 수상한 후 답례하는 말랄라

아주 가슴 아프고 슬픈 사건이 파키스탄에서 벌어졌어요.
"저스틴 비버 신곡 들어 봤어?"
"정말 멋진 음악이야. 나는 주말에 유튜브에서 봤어. 참 영화 〈트와일라잇〉이 개봉된다는데 함께 보러 가지 않을래?"
2012년 10월 9일, 히잡을 두른 파키스탄 중학생들이 하굣길 버스에 올라탔어요.
어린이들이 삼삼오오 탄 버스는 수학 문제에 대한 불평이나, 유

행하는 노래와 개봉할 영화에 대한 이야기 등으로 시끌벅적했어요. 어느 곳에서나 볼 수 있는 십대들의 평화로운 모습이었죠. 그 속에는 말랄라도 있었어요.

"네가 말랄라냐?"

한 소년이 물었어요. 말랄라가 고개를 끄덕이자마자 바로 총탄이 그녀의 머리와 목을 관통했습니다. 소년은 이슬람 무장 세력 탈레반 소속이었어요. 탈레반은 세계 4대 테러 조직이에요. 목적을 위해 무자비한 폭력도 서슴지 않는 단체지요.

총에 맞은 말랄라는 그 자리에 피를 흘리며 쓰러졌어요.

"으아악! 탈레반이 말랄라 머리에 총을 쏘았어. 말랄라가 죽었나 봐."

친구들의 비명이 멀리서 들리는 듯했어요. 하지만 피를 흘리며 고꾸라진 말랄라는 다시 일어나지 못할 것 같았어요.

사랑하는 부모님도 친구들도 이제 보이지 않았어요. 캄캄한 세상에 홀로 버려진 것 같았어요. 그렇게 다니고 싶은 학교에도 이제 다시는 갈 수 없나 봅니다. 말랄라와 세상은 이별할 것 같았어요.

문 닫힌 교실

탈레반은 왜 말랄라를 죽이려고 했을까요?

2009년 어느 날, 이슬람 과격 단체에서 말랄라가 다니던 학교를 점거했어요.

"그들이 여학생들의 등교를 막아요. 배우고 싶어도 여자들은 학교에 못 가요. 탈레반은 여자들이 텔레비전을 봐도, 음악을 들어도 안 된다고 협박해요. 평화로웠던 학교를 그들이 망가뜨리고 있어요."

당시 열두 살이던 말랄라는 '굴 마카이'라는 이름으로 영국 BBC 방송에 탈레반의 만행을 고발해 국제적인 관심을 얻었어요.

　말랄라는 이후에도 탈레반의 위협 때문에 여자 어린이들이 교육 받을 수 없는 상황을 자신의 블로그에 차곡차곡 기록했어요. 마치 제2차 세계 대전 당시에 나치의 만행을 일기장에 꼼꼼히 기록했던 안네 프랑크처럼 말이에요.

　'뉴욕타임스'는 말랄라 가족 이야기를 다큐멘터리로 찍었습니다. 〈문 닫힌 교실〉이라는 이 다큐는 인터넷으로 방영돼 큰 화제를 불러일으켰어요. 세계인들은 배우지 못하는 소녀들의 현실에 분노했어요. 다큐멘터리에서 말랄라는 세계를 향해 외쳤습니다.

　"우리 학교를 구해 주세요."

수업에 들어 가기 전 국기 게양대 앞에 모여 있는 스와트 밸리의 여학생들

탈레반이 통치하고 있는 파키스탄 스와트 밸리 지역에서 800개가 넘는 학교가 파괴됐어요. 말랄라는 이런 불행한 일을 자신의 블로그를 통해 세계인에게 알린 거예요. 세계아동인권보호협회는 탈레반이 장악한 지역에서 소년들은 반군_{정부를 반대하는 군인}으로 징집되고, 소녀들은 집에 머물러야만 한다고 말했어요.

말랄라가 어느 날 쓴 일기 한 편입니다.

"어제 군 헬기와 탈레반이 등장하는 무서운 꿈을 꿨다. 이곳에서 군사 작전이 시작되면서부터 그런 꿈을 꾼다. 탈레반이 소녀들에게 통학을 금지하는 포고문을 발령했기 때문에 학교에 가는 것이 무섭다. 반 친구 27명 중 11명이 학교에 오지 않았다. 탈레반의 포고문 때문이다. 학교에서 집에 돌아오는 길에 한 남자가 '널 죽일 거야!' 라고 하는 말이 들렸다. 한 사람이 휴대 전화로 다른 사람을 협박하고 있었다."

세계인이 말랄라의 용기어린 블로그를 찾기 시작했어요.

"용기를 잃지 마세요."

"학교에 다닐 수 있을 거예요."

수많은 댓글이 그녀의 블로그에 달리기 시작했어요. 그리고 얼마 지나지 않아 언론에 말랄라의 이름이 등장했지요. 파키스탄 정부는 2011년 11월, 18세 미만의 미성년자를 대상으로 하는 '국가 평화상' 수상자로 말랄라를 선정했어요.

하지만 말랄라가 유명해질수록 탈레반의 위협은 커졌습니다. 탈레반은 드러내놓고 말랄라와 가족들을 '살해하겠다!' 라고 협박했어요. 학교에서 배우고 싶은 소녀의 하굣길에 총알이 날아 왔어요. 총탄에 쓰러진 말랄라의 꿈은 이루어질 수 있을까요?

신이여, 감사합니다!

"말랄라, 눈을 뜨렴. 얼른 일어나 학교에 가야지?"
소식을 듣고 달려온 말랄라의 아버지는 피투성이 딸의 얼굴을 쓰다듬으며 눈물을 흘렸어요. 그렇게 학교를 사랑하던 딸이, 자신이 세운 학교 때문에 총을 맞은 것 같아 눈물을 흘리며 괴로웠습니다. 슬픔은 거기서 끝나지 않았어요.

"최선을 다했지만 머리와 목을 관통한 총알을 이곳에서는 빼낼 수 없을 것 같습니다."

파키스탄 의료진은 수술이 불가능하다고 말했어요.

"살려 주세요. 선생님. 불쌍한 제 딸을 살려 주세요."

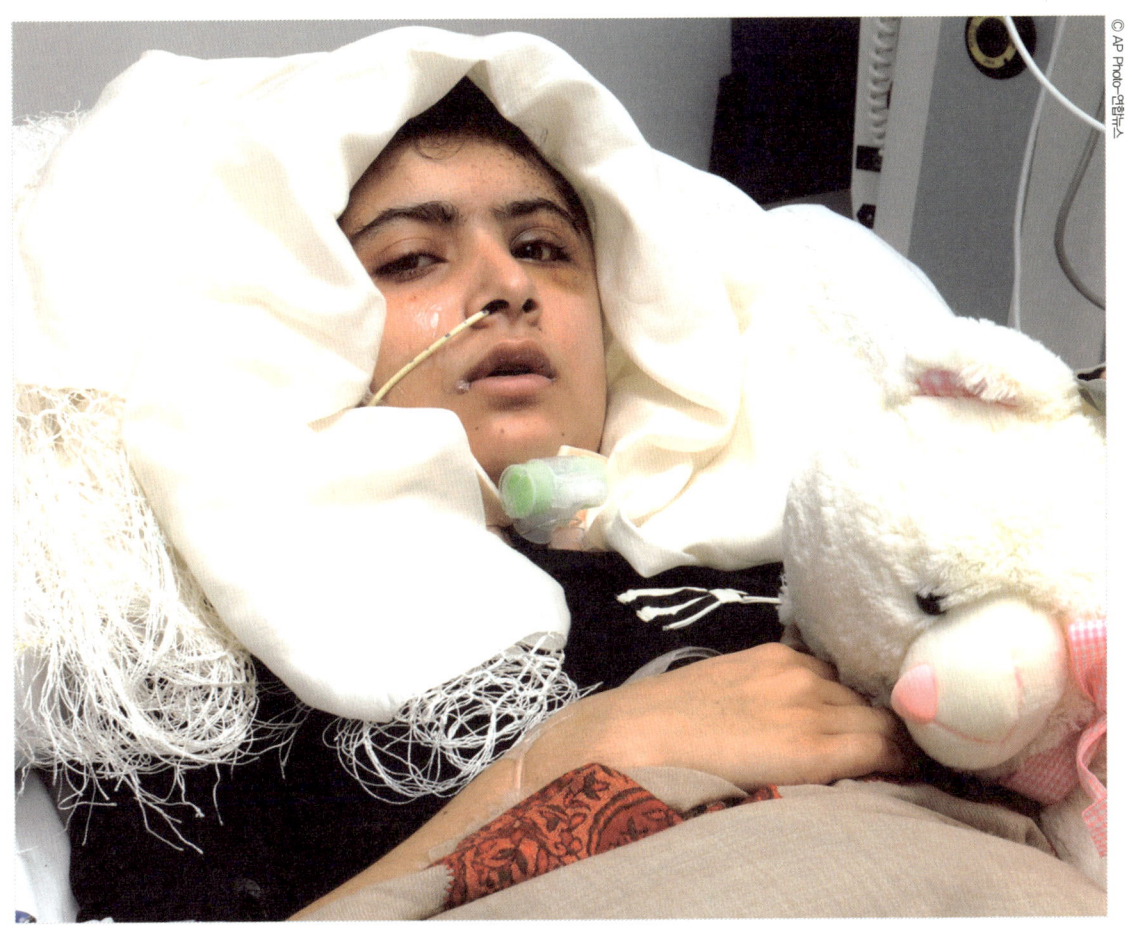

퀸 엘리자베스 병원에서 치료받을 당시의 모습

 피투성이 어린 딸을 안은 아버지 지아우딘 씨의 외침에 병원은 또 한 번 눈물바다가 됐습니다. 하지만 기적과 행운은 옳은 일을 하는 용기 있는 사람들 편이었어요.

 파키스탄에서는 완전한 회복이 불가능하다는 의료진의 판단에 따라, 말랄라는 영국의 총상 전문 병원으로 옮겨졌어요. 아랍에

미레이트 정부는 의료 장비를 갖춘 특별기를 제공했습니다. 말랄라는 10월 15일, 정든 고향을 떠나 영국 버밍엄에 있는 퀸 엘리자베스 병원으로 이송되었어요.

"뇌와 목의 골절된 뼈를 대체하고 신경세포를 복원하는 수술을 받을 것입니다."

의료진이 예상한 수술 시간은 5시간이었어요. 아버지는 딸이 수술실에 들어 가자 기도하기 시작했습니다. 하염없는 눈물이 아버지의 두 볼에 흘러내렸어요. 아버지는 무엇을 빌었을까요? 아마 딸이 살아 돌아오기를, 그리고 세상의 모든 딸들이 자유롭게 배울 수 있기를 빌지 않았을까요. 마침내 아버지의 소망이 이루어졌어요.

"총알에 함몰된 머리 부분에 티타늄 판을 삽입해 복원하고, 귀에는 달팽이관을 대체할 전자기기를 부착했습니다. 왼쪽 청력에 문제가 있었지만 수술이 성공적이어서 빠르게 회복될 것입니다."

성공적으로 수술을 마친 의료진이 아버지에게 말했어요. 이제 말랄라는 살아난 거예요. 하지만 하루가 지나고 이틀과 사흘이 지나도 말랄라의 의식이 돌아오지 않았습니다. 가족과 의료진은 다시 초조해졌어요. 6일째 되는 날, 말랄라가 눈을 뜨고 주위를 돌아보는 것을 간호사가 발견했어요.

그러나 말랄라는 말할 수 없었습니다. 자신이 어디에 있는지, 심지어 이름조차 분명히 알 수 없었어요. 총격받은 일에 대해 아무것도 기억나지 않았다고 했어요. 큰일을 겪은 사람들에게 나타나는 '외상후 스트레스 증후군' 이었을지도 모르지요.

말랄라는 의식이 든 뒤 말하려 했지만 목에 튜브가 꽂혀 있었고, 왼쪽 눈이 매우 흐릿하게 보여 사람들의 코가 두 개, 눈이 네 개나 있는 것처럼 보였다고 했어요. 얼마나 무서웠을까요.

"여기는 영국 버밍엄이란다. 난 널 수술한 의사야. 내 말을 알아들을 수 있겠니? 수술이 성공적으로 끝났단다. 이제 네 몸속에는 총알이 한 개도 없어. 얼른 건강해져야지. 말할 수 없을 테니 하고 싶은 말이 있으면 여기에 적어 보렴."

의사 선생님은 말랄라에게 보드판을 가져다 줬어요.

'파더father.'

말랄라는 아버지를 찾았어요. 그리고 죽음의 시간을 넘어 드디어 아버지와 만났습니다. 말랄라는 눈물을 흘리며 마음속으로 말했어요.

'신이여, 감사합니다. 나는 죽지 않았군요.'

아버지는 말랄라가 회복하는 동안 세상에 일어나는 일들을 매일매일 들려 줬어요.

"말랄라, 네가 얼마나 용기 있는 일을 했는지 모를 거야. 파키스탄에서 큰 집회가 열렸단다. 수많은 여성들이 '내가 바로 말랄라I am Malala' 라는 문구가 새겨진 티셔츠를 입고 교육의 자유를 달라고 외쳤단다. 정말 대단하지 않니?"

아버지의 이야기는 침대에 누워 있는 말랄라에게 용기를 주었어요. 말랄라는 고향 친구들이 교육받을 수 있는 기회가 더 크게 열릴 것 같아 기뻤습니다.

말랄라가 점점 회복되어 병원을 산책할 정도가 됐어요.

"오! 놀라운 소식이야. 말랄라."

아버지가 흥분한 목소리로 병실 문을 열고 들어 왔어요.

그때까지도 말할 수 없었던 말랄라는 미소를 띠며 무슨 일이냐는 눈빛을 보냈어요.

"널 노벨 평화상 후보에 올리자는 캠페인이 열렸단다. 이미 3만 명 이상이 널 추천했어. 프랑스와 캐나다의 국회의원들도 널 지지했다는구나."

아버지는 딸에게 노벨 평화상은 세계의 인권과 평화를 위해 일한 훌륭한 사람에게 주는 상이라고 설명했어요.

"네가 존경하는 마틴 루터 킹 목사와 넬슨 만델라 전 대통령도 이 상을 받았단다. 후보에 오른 것만으로도 너는 아주 훌륭한 일을 했다는 걸 인정받은 셈이야."

아버지는 딸의 볼을 쓰다듬으며 기뻐했어요.

다시 학교에 가다

퀸 엘리자베스 병원에 온 지도 3개월이 넘었어요. 창 밖에는 벌써 봄이 왔습니다. 예쁜 꽃들이 피고 사람들의 얼굴도 평화로워 보였어요.

"아빠, 제가 다시 학교로 돌아갈 수 있을까요? 파키스탄에 있는 우리 학교는 탈레반으로부터 안전할까요?"

건강을 회복한 말랄라는 학교에 대해 자주 물었어요. 그때마다 아버지는 난감했어요. 목숨을 걸고 파키스탄으로 돌아가는 것이 정말 딸을 위한 일인지 판단이 서지 않았거든요. 다시 탈레반의 총 앞에 말랄라를 보낸다는 사실이 너무 끔찍했습니다. 이런 고민

스와트 밸리 학교의 등굣길 학생들을 보호하기 위해 경찰이 지켜 보고 있다.

을 하는 아버지에게 또다시 행운이 찾아왔어요.

"말랄라, 학교에 다닐 수 있게 됐단다. 파키스탄은 아니지만 여기 엣지바스턴 고등학교에서 너의 입학을 허가했단다."

"정말이에요? 아빠, 학교로 돌아가고 싶은 제 꿈이 드디어 이뤄졌네요. 세상의 모든 소녀에게도 이처럼 교육받을 기회가 주어지면 좋겠어요."

말랄라는 탈레반의 위협이 덜한 영국에서 계속 학교에 다니기로 결정했어요. 아버지와 딸은 꼭 껴안은 채 기뻐했습니다.

2013년 2월, 말랄라는 퇴원했어요. 이제 이 소녀를 아무도 방해하지 못할 것 같았어요. 지저귀는 새 소리가 즐겁고 나무에 돋아나는 새싹이 아름답게 보였습니다.

"엄마, 어떤 색 히잡이 좋을까요? 친구들은 나를 무서워하지 않을까요?"

학교에 가기 전날 거울 앞에서 옷을 입어 보던 말랄라의 얼굴에는 설레임과 불안이 엇갈렸어요. 학교에 다시 가는 것은 무척 행복하지만 전혀 모르는 친구들을 만난다고 생각하니 말랄라는 조금 긴장했어요.

드디어 3월 19일, 말랄라는 녹색 스웨터에 히잡을 두르고 핑크색 가방을 메고 학교로 향했어요. 총을 맞은 소녀라고는 믿기지 않을 만큼 씩씩하고 건강한 모습이었어요. 엣지바스턴 고등학교는 1876년에 설립된 여학교입니다. 말랄라는 다른 학생들과 함께 일반적인 수업을 받게 된 거예요.

"오늘은 말랄라와 가족들에게 매우 의미 있는 날입니다."

유엔 사무총장 국제 교육 특사로 말랄라의 치료를 지원한 고든

아버지와 함께 영국 엣지바스턴 고등학교에 첫 등교하는 말랄라

브라운 전 영국 총리도 말랄라의 첫 등교를 축하했어요.

"파키스탄에 있는 친구들이 무척 그립지만 이곳^{버밍엄}에서 새로운 친구들과 선생님을 만나는 것도 매우 기대돼요."

말랄라도 활짝 웃으며 대답했어요.

이제 그녀의 소망은 파키스탄에서도 이루어지고 있었습니다. 탈레반의 살해 위협에도 여자 어린이의 입학률이 크게 높아졌어요. 정말 기쁜 일이지요. 말랄라의 작은 소망이 꽃을 피우고 열매

를 맺고 있는 거예요.

말랄라가 살던 파키스탄 북서부 키베르 파크툰크와 주에서는 새 주정부가 출범한 후 여자 어린이 7만5천 명을 포함해 어린이 20만 명이 학교에 입학했어요. 주정부는 이 같은 입학 열기를 지원하기 위해 교육 예산을 30%나 올렸습니다.

하지만 말랄라가 다녔던 학교는 피격 사건 이후 위험하다는 생각 때문에 신입생 숫자가 크게 줄었어요.

아프가니스탄이 가까운 말랄라의 고향 마을은 탈레반 무장 세력의 거점이었습니다. 탈레반은 4년 전부터 엄격한 이슬람 율법을 적용해 여학생의 등교를 금지했어요.

인권 운동가 아버지

　　　　말랄라의 그런 용기가 어디에서 나왔을까요. 말랄라의 선생님은 어떻게 가르쳤기에 그처럼 용기 있는 소녀가 됐을까요. 여자도 배워야 한다는 신념은 어떻게 생겼을까요. 말랄라의 멘토 역할을 한 사람은 바로 아버지 지아우딘 씨였습니다. 그의 양성 평등 신념은 남달랐어요. 여자도 남자와 똑같이 배우고 일해야 한다고 믿었거든요.

　실제로 말랄라가 가는 곳마다 아버지 지아우딘 씨는 딸 못지않게 박수를 받았어요. 말랄라의 기적 뒤에는 딸이 태어나기 전부터 직접 여학교를 운영하며 인권 운동에 힘써 온 아버지가 있었

거든요.

시인이자 이상주의자였던 아버지가 어떻게 딸을 인권 운동가의 길로 이끌었을까요.

"제 꿈은 의사가 되는 거예요. 그런데 아빠는 내가 정치인이 돼야 한다고 하세요. 하지만 난 정치가 싫어요."

열두 살인 말랄라는 이렇게 말했지만 아버지는 웃으며 고개를 저었어요.

"말랄라, 여성도 박사 학위를 쉽게 딸 수 있는 사회를 만들자는 거야. 아빠는 너의 잠재력을 믿는단다."

아버지의 믿음은 딸을 변화시켰어요.

아버지는 기자회견 때마다 딸을 데리고 다니며 의견을 말하게 했어요. 말랄라가 적극적으로 인권 활동을 할 기회를 마련했던 거예요. 하지만 그는 딸에게 아무것도 강요하지 않았어요. 그저 행동으로 보여 줬을 뿐이지요. 파키스탄 정부군이 대대적으로 탈레반 진압 작전에 나선 2009년 5월에도 아버지는 숨기보다는 투쟁의 길을 택했습니다. 가족들을 안전한 친척집에 보내고, 자신은 가장 위험한 페샤와르 지역으로 갔어요.

그는 그곳에서 다른 인권 운동가들과 시위하면서, 기자회견을 열어 탈레반의 잘못을 널리 알렸어요. 가만히 있을 탈레반이 아니지요. 그들은 즉각 아버지를 죽이라는 명령을 내렸어요. 탈레반의 살해 위협을 딸보다 아버지가 먼저 받은 것입니다.

하지만 아버지는 용감하게 말했어요.

"사람들은 내가 너무 이상적이라 생각할지 모릅니다. 하지만 우리 국민을 수렁에서 구할 수만 있다면 난 기꺼이 목숨을 내놓을 것입니다."

말랄라가 정치가로 희망을 바꾼 것도 이때였어요. 아버지를 걱정하다가 그 열정을 보고 마음이 변한 것입니다.

"우리나라는 너무 위험해요. 아버지를 보며, 내가 원하는 변화를 이루려면 다른 사람에게 기대지 말고 스스로 일어나 목소리를 높여야 한다는 사실을 배웠어요."

이 용감한 부녀는 지금도 세상을 향해 외칩니다. 어린이에게 교육의 창을 열어 달라고요. 그것이 세상을 변화시키고 발전시키는 유일한 방법이라고요.

지아우딘 씨의 열정은 교육에 대한 믿음에서 비롯됐어요. 그는 말랄라가 태어나기 전인 1995년 남녀 공학 학교를 세우고 교장으로 일했습니다. 파키스탄은 세계에서 여성 인권이 가장 열악한 곳 중 하나예요. 특히 말랄라가 살던 스와트 밸리는 학교에 가는 여자 어린이가 20%도 채 되지 않았습니다. 아버지가 남녀 공학 학교를 연 것 자체가 기적 같은 일이지요.

지아우딘 씨는 파키스탄의 탈레반 점령 지역이던 스와트 밸리에 2007년에 공립 학교를 세웠어요. 말랄라도 아버지가 교장인 학교에서 수업을 들으며 꿈을 키웠습니다.

"말랄라가 학업만은 포기할 수 없다고 고집해 걱정입니다. 그래도 교육받을 권리가 엄연히 있는데 이를 어떻게 말리겠습니

미국 메사추세츠 주 보스턴칼리지 고등학교에서 연설한 뒤 손을 흔드는 말랄라

까?"

아버지는 웃으며 말했지만 양성 평등 교육은 탈레반 지역에서는 매우 위험한 일이었어요. 파키스탄과 같은 남성 지배 사회에서 꼭 필요한 것은 말랄라의 아버지처럼 여성의 권리를 존중하는 남성입니다. 아내, 여자 형제, 딸을 돕고 지지하는 이런 남성이 정말 드물거든요.

미국의 외교 전문지 '포린폴리시'는 이렇게 보도했어요.

"지아우딘 씨가 아니었으면 말랄라는 학교에 다니지도 못했을 것이다. 말랄라의 명성을 감안할 때 지아우딘 씨에게 노벨 평화상을 주는 것도 좋은 방안이다."

하지만 탈레반은 이 용감한 부녀를 반(反)이슬람 세력으로 몰면서 협박했어요. 말랄라 가족은 총격 사건 이후 영국 버밍엄으로 거처를 옮겼어요. 말랄라의 아버지는 현재 버밍엄의 파키스탄 영사관에서 교육 담당관으로 근무합니다.

학교에 가고 싶은 분쟁 지역 어린이들

"친구와 학교에 가는데 아저씨들이 쫓아왔어요. 도망가니까 총을 쐈어요. 총알이 발바닥을 스치는 것 같았어요. 왜 쐈는지 모르지만, 아마 우리에게 '누구를 지지하느냐?'고 물어봤을 것 같아요." - 시리아 소년 니달

니달은 여섯 살짜리 꼬마예요. 우리나라로 치면 유치원에 다닐 나이지요. 하지만 매일 전쟁터 같은 곳에서 살아요. 정부군과 반군은 매일 피흘리며 치열한 전투를 벌입니다.

얼마 전에는 시리아 정부군이 '화학 무기'로 반군 지역을 공격했대요. 화학 무기는 독가스예요. 시리아에는 4년 넘게 내전이 이

어지고 있어요. 니달은 정말 위험한 곳에 살아요.

2011년 튀니지·이집트·리비아를 거친 '민주화 요구' 바람은 시리아에도 거세게 불었어요. 1971년부터 장기 집권하고 있는 알 아사드 정권을 몰아내야 한다는 것이었어요. 정부군이 시위대에 총을 겨누면서 사태는 내전으로 확산됐고, 현재까지 20만 명 이상이 숨지거나 다친 것으로 추정됩니다. 니달도 이 전쟁 때문에 아버지를 잃었어요. 시리아 내전은 독재 정권에 맞선 시민들의 저

※세계 주요 분쟁 지역 (자료: 세이브더칠드런)

수업에 들어가기 위해 기다리는 시리아 난민 캠프에 마련된 임시 학교 어린이들

항으로 시작됐지만, 사태가 장기화되면서 최근엔 이슬람 내부의 종교 문제도 드러나고 있어요.

632년 이슬람교를 창시한 무함마드가 사망한 뒤 후계자 선정 문제를 놓고 시아파와 수니파로 갈라져 지금까지 갈등을 빚고 있습니다. 알 아사드 가문을 중심으로 한 지배 계층은 시아파 출신이고, 반정부군은 다수 종파인 수니파를 대변합니다.

결국 장기 독재 타도와 종교 문제 등 여러 요소들이 꼬이면서 시리아 내전 사태는 좀처럼 실마리를 찾지 못하고 있어요.

　이런 문제들 때문에 니달은 아버지를 잃고 학교도 가지 못한 채 2년 이상을 전쟁 속에서 보냈습니다. 정말 불행한 일이지요. 니달은 엄마와 집을 떠나 현재 시리아 국경 난민 캠프에서 살고 있어요.

　시리아 출신 소녀 고프란도 레바논 북부 난민촌에 살아요. 물론 학교에 다닐 수 없어요. 고프란의 꿈은 선생님이에요. 하지만 지금 당장은 학교에 가는 게 가장 큰 소망이래요.

말랄라의 소망, 유엔의 꿈

우리에게는 너무도 낯선 이야기이지만 학교에 가고 싶어도 가지 못하는 어린이들이 세상에는 너무 많아요. 공부할 교실·친구·선생님이 없기 때문이에요. 이것이 전쟁으로 파괴된 분쟁 지역 어린이들의 '불행한 현실'입니다.

"전 세계 남녀 어린이들이 전쟁과 기아에서 벗어나 학교로 갈 수 있게 하겠습니다. 2015년까지 모든 어린이들이 초등 교육을 받도록 유엔이 노력하겠습니다."

유엔은 2000년 '새천년 개발 목표'를 정했어요. 분쟁 지역과 가난에 허덕이는 아프리카 어린이들이 모두 초등 교육을 받을 수 있게 하겠다는 의지였어요. 하지만 아직도 말랄라와 같은 어린이들이 너무 많아, 읽지 못하는 어린이들이 2억 5천만여 명이나 돼요. 초등학교에 입학해야 할 나이의 어린이 5천7백만여 명은 아예 학교에도 가지 못합니다.

분쟁 지역 상황은 훨씬 심각해요. 현재 중학생 이하 어린이 5천만여 명이 학교에 다니지 못하고 있어요. 이중 절반이 넘는 2천9백만여 명은 초등학생 또래의 나이예요. 분쟁 지역 어린이 비중은 2008년 42%에서 2011년 50%로 늘었어요.

내전이 끊이지 않는 시리아의 전체 학교 2만2천여 곳 가운데 22%가 파괴됐고, 어린이 2백50만여 명이 교육받지 못하고 있어요. 중앙아프리카공화국·콩고민주공화국·말리·파키스탄 등도 기초 교육조차 받지 못하는 어린이가 많습니다. 분쟁 지역의 95%는 세계은행이 '저소득 국가'들로 분류한 곳이에요.

어렵사리 학교에 가더라도 제대로 공부하기 힘들어요. 무장 단체들이 학교를 공격 목표로 삼고 있기 때문이지요. 선생님들은 피살 등 신변 위협 때문에 학교에 가길 꺼리고, 부모들은 자식들을 학교에 보내지 않는 악순환이 반복됩니다.

어린이들은 한 나라의 미래예요. 그래서 수많은 나라가 교육에

탈레반과 정부군 간의 전투로 가족과 헤어진 어린이들이 빈민가에서 우유를 팔고 있다.

힘쓰지만 아프리카와 분쟁 지역은 그럴 여력이 없어요. 이 어린이들의 미래는 어떨까요? 학교를 다니지 못하면 분쟁이 끝나고 성인이 되어도 경제 활동을 제대로 하지 못해 가난에서 벗어나기 어렵습니다.

  말랄라는 참 대단합니다. 가난과 폭력을 이기는 가장 강력한 무기는 교육이라는 것을 열여섯 살의 소녀가 이야기했으니까요.

세상에서 가장 멋진 생일 선물

　　　　　　등굣길 말랄라의 MP3에서 흘러나오는 저스틴 비버의 음악이 경쾌해요. 말랄라도 밝은 표정으로 랩을 따라합니다. 학교를 다니며 말랄라는 점점 건강해졌어요. 하고 싶었던 공부를 실컷해서인지 명랑해졌어요. 총에 대한 공포가 점점 사라지는 듯했어요. 친구들과 다시 영화 이야기를 나누고 시험에 대해 걱정하는 평범한 소녀로 돌아가고 있어요. 정말 다행스러운 일이지요.

　하지만 사람들은 말랄라를 오랫동안 특별하게 기억하고 싶었어요. 그녀의 용기가 얼마나 훌륭한지 알려 주고 싶었거든요. 말랄라를 지지하는 전 세계인은 그녀에게 아주 특별한 생일을 맞게 해 주었어요. 바로 유엔에서 연설하게 해 주는 것이지요. 3백만여 명이 반기문 유엔 사무총장에게 말랄라의 유엔 연설을 요청했어요. 반 총장은 흔쾌히 세계인의 뜻을 받아들였어요.

"말랄라, 말랄라!"

아버지가 황급히 집 안으로 뛰어들어 왔어요. 아버지는 이방 저 방 문을 열며 딸을 찾았어요.

"아빠, 무슨 일이에요? 탈레반이 또 협박했나요?"

하지만 좋은 일이라는 것을 말랄라도 이내 눈치챘어요. 아버지 표정이 무척 밝았거든요.

"말랄라, 유엔에서 너에게 아주 특별한 생일 잔치를 준비했다는 구나. 네 생일인 7월 12일에 미국 뉴욕의 유엔 총회장에 와서 연설해 줄 것을 부탁했단다. 정말 꿈 같은 일이구나."

아버지의 눈가에 이슬이 맺혔어요. 말랄라는 아빠 손에 놓인 편지를 읽었어요. 믿을 수 없어 읽고 또 읽었어요. 그리고 아빠 품에 꼭 안겼어요. 그제야 기쁨의 눈물이 흘러내렸어요.

"안녕하세요. 말랄라입니다."

그리고 마침내 7월 12일, 열여섯 살 생일을 맞은 말랄라는 미국 뉴욕 유엔 본부에서 열린 청소년 유엔 총회에 참석해 연설을 시작

유엔 총회 연설 후 반기문 유엔 사무총장과 손을 꼭 잡은 말랄라

했어요. 전 세계 모든 어린이들이 배움의 권리를 누리도록 해 달라고 호소했습니다. 말랄라는 파키스탄 전통 의상을 몸에 두르고 각국의 청년 리더 5백여 명으로부터 박수와 큰 환호성을 받으며 강단에 올랐어요.

  이 날 총회장을 가득 메운 1백여 국가의 대표들 앞에서 테러리스트들의 위협에 침묵으로 굴하지 않을 것이라며 연설한 거예요. 연설하는 동안 총회장 참석자들은 수차례 기립 박수와 환호로 화답했어요.

네 생일에 유엔 총회장에서 연설해 달래!

유엔 총회 연설에 참석한 말랄라가 방명록에 서명하고 있다.

특히 이 날 연설에는 청소년 4백여 명이 함께해서 더욱 눈길을 모았어요. 말랄라는 이들을 '형제와 자매'라고 부르며, 청소년이 스스로 나서서 변화를 주도해 주길 호소했어요.

유엔은 이 날을 '말랄라의 날'로 선포했습니다.

하지만 탈레반 사령관 아드난 라시드는 유엔 연설을 마친 말랄라에게 협박에 가까운 편지를 보냈어요.

"이슬람을 폄하하고, 중상 모략을 위해 인신 공격한 네 글은 도발이다. 탈레반을 헐뜯은 것이 옳은 일인지, 네가 죽어 마땅한

지는 신이 판단할 것이다."

정말 무서운 내용이 담긴 편지였어요. 하지만 이런 협박도 말랄라와 배우고 싶은 열망으로 가득한 여자 어린이의 발걸음을 멈추게 할 수는 없었지요. 펜은 칼보다 강하니까요.

칼보다 강한 펜

배움의 열망으로 똘똘 뭉친 말랄라의 유엔 연설 전문입니다.

어렵고 힘든 시간을 보내고 오늘 연설하게 되어 큰 영광입니다. 빠른 회복과 새로운 삶을 위해 기도해 주신 모든 분들께 감사드립니다.

수천 명의 무고한 사람들이 테러리스트에게 죽임을 당하고, 수백만 명은 부상을 당해 지금도 고통받고 있습니다. 저도 그들 중 한 명입니다. 저는 오늘 평화롭게 살 수 있는 권리, 존엄받을 권리, 기회와 평등을 누릴 권리, 교육받을 권리에 대해 말하려 합니다. 2012년 10월 9일 탈레반은 저의 왼쪽 이마에 총을 쐈습니다. 탈레반은 총으로 우리를 침묵시킬 수 있다고 생각했지만 그들은 실패했습니다. 테러리스트들은 총으로 저의 목표를 바꾸고 야망을 저지할 수 있다고 생각했습니다. 그러나 저는 오히려 나약함·두려움·절망을 버리고, 새로운 힘과 용기를 얻었습니다.

저는 어느 누구도 미워하지 않습니다. 탈레반을 비롯한 모든 테러 집단에 대해 개인적인 복수를 하러 여기에 온 것이 아닙니다. 저는 세상 모든 어린이들의 교육받을 권리에 대해 말하려고 이 자리에 섰습니다. 저는 탈레반과 모든 테러리스트들의 아들딸들도 교육받기를 원합니다. 저는 저에게 총을 쏜 탈레반 소년도 미워하지 않습니다. 저의 손에 총이 있고 그가 제 앞에 있더라도 저는 그를 쏘지 않을 겁니다. 이것은 마호메트와 예수 그리스도, 부처님께 배운 사랑입니다. 마틴 루터 킹과 넬슨 만델라, 간디와 테레사로부터 배운 비폭력의 철학입니다. 저의 부모로부터 배운 용서입니다. 저의 영혼은 저에게 평화를 지키며 모든 이를 사랑하라 말합니다.

우리는 어둠 속에서 빛의 중요성을 깨닫습니다. 침묵을 강요받

말랄라의 유엔 총회 연설

을 때 외침의 중요함을 알게 됩니다. 우리는 총 앞에서 책과 펜의 중요성을 깨달았습니다. 펜은 칼보다 강합니다. 극단주의자들은 책과 펜을 두려워합니다. 교육이 그들을 겁먹게 합니다. 그들은 여성을 두려워합니다.

평등과 변화를 두려워하는 극단주의와 테러리스트들은 그들의 개인적 이익을 위해 평화와 박애의 종교인 이슬람의 이름을 남용하고 있습니다. 극단주의자들이 벌이는 테러와 전쟁으로 학교는 파괴되고 어린이들은 교육받지 못하고 있습니다. 전 세계 모든 국가가 테러와 폭력에 맞서 싸워 주시기를 바랍니다. 폭력과 위험으로부터 어린이들을 지켜 주시고, 개도국 여성들이 교육받을 수 있도록 도와 주시기 부탁드립니다.

  함께하는 우리는 세계를 변화시킬 수 있습니다. 지식이라는 무기로 무장해 함께한다면 우리는 우리의 목표를 달성할 수 있습니다. 우리는 빈곤과 부정, 그리고 무지로부터 고통받는 사람들 수백만 명을 잊어서는 안 됩니다. 또한 교육받지 못하고 있는 어린이들을 잊어서는 안 됩니다. 가장 강한 무기인 책과 펜을 들고 문맹과 빈곤, 테러와 맞서 싸워야 합니다. 어린이 한 명, 선생님 한 분, 책 한 권, 펜 한 자루가 세계를 변화시킬 수 있습니다. 교육만이 유일한 해결책입니다.

  감사합니다.

> 어린이를 위해
> 노벨 평화상을

말랄라의 감동적인 연설에 또다시 말랄라 열풍이 불었어요.

그 바람은 말랄라 가족이 머물고 있는 영국에서 먼저 시작되었습니다. 말랄라를 노벨 평화상 후보로 추천하는 캠페인에 3만여 명 이상이 동참했어요. 프랑스와 캐나다 국회의원들이 말랄라를 노벨 평화상 후보로 추천했어요. 2013년 노벨 평화상 후보로는 역대 최다인 259개 단체와 개인이 추천되었습니다. 수많은 사람들의 노력으로 말랄라도 그 중 한 명으로 당당히 이름을 올린 거예요.

시리아 난민 캠프를 방문한 할리우드 여배우 안젤리나 졸리

할리우드의 세계적인 여배우 안젤리나 졸리는 '우리 모두가 말랄라다!' 라는 글을 인터넷 매체 '데일리비스트'에 썼어요. 졸리는 세계 각지의 어린이를 입양해 키우고, 가난한 나라 어린이들을 돌보는 데 앞장섰던 배우입니다. 그녀는 유엔 인권상을 받기도 했어요.

미국의 인기 팝가수 마돈나도 말랄라 열기에 동참했어요.

"마돈나, 마돈나!"

콘서트에 온 관객들은 마돈나가 무대에 나오기를 기다리며 그녀의 이름을 불렀어요. 조명이 밝아지며 마돈나가 무대로 걸어 나왔습니다. 무대로 나온 마돈나는 청중들을 향해 등을 보여 주었어요. 등에는 '마돈나'가 아닌 '말랄라'라고 씌여 있었어요.

"여러분! 우리가 음악을 즐기고 있는 이 시간에도, 학교에 가지 못하는 여자 어린이들이 너무 많아요. 그들을 위해 싸운 말랄라를 위해, 그리고 그 어린이들이 학교에 가는 그 날을 위해 이 노래를 바칩니다. 노래 제목은 '휴먼 네이처' 입니다."

사하로프 인권상을 수상한 말랄라

　사람들은 마돈나의 감동적인 노래를 듣고 눈물을 흘렸어요. 말랄라는 이렇게 전 세계인의 가슴에 새겨지기 시작했습니다.
　유럽 의회는 유럽 최고 인권상인 사하로프상 수상자로 말랄라를 선정했어요. 이 상은 옛 소련 핵과학자이자 반체제 인사였던 안드레이 사하로프의 이름을 따서 1988년에 만들어진 상입니다. 말랄라는 국제앰네스티AI 양심대사상과 하버드 대학 인도주의상도 받았어요.

이제 세계 최초로 십대 소녀가 노벨 평화상을 받을지에 전 세계의 관심이 쏠렸어요.

노벨상 수상자 예측으로 유명한 오슬로 국제평화연구소PRIO는 말랄라를 가장 유력한 노벨 평화상 후보로 거론했어요. 전 세계인은 탈레반의 총구를 두려워하지 않은 용감한 여학생의 수상 소식을 기다렸어요.

마치 나치의 탄압을 받은 안네 프랑크가 살아 돌아온 것처럼 세계인들은 들떴습니다. 말랄라가 모두 자신의 딸인 것처럼, 언니와 누나인 것처럼 노벨 평화상을 받기를 기원했어요.

겸손한 노벨 평화상 후보

10월 11일, 마침내 노벨 평화상 수상자가 발표되었어요.

이 상은 전쟁을 막고 세계 평화를 위해 노력한 개인이나 단체에 주는 상입니다. 다른 노벨상은 스웨덴 왕립 과학 아카데미, 카롤린스카 의학 연구소, 한림원스웨덴 아카데미 등에서 수상자를 선정합니다. 하지만 평화상만큼은 이 상을 제정한 알프레드 노벨의 뜻에 따라 노르웨이 노벨상 위원회가 선정하고 시상해요.

그래서 다른 부문의 노벨상은 모두 스웨덴에서 시상식을 하지만 평화상만큼은 노르웨이에서 시상하지요.

2013년 노벨 평화상을 수상한 OPCW의 시상식

다른 노벨상은 생존자 개인에게 주는 것이 원칙이지만, 평화상은 단체나 조직에게도 줄 수 있었어요. 노벨 평화상 제1회 수상자는 적십자사를 창립한 앙리 뒤낭입니다.

11일은 '세계 여자 어린이의 날'이기도 합니다. 그래서 더욱 말랄라 수상에 관심이 집중됐어요.

"노벨 평화상 수상자는 '화학무기금지기구OPCW'입니다."

기자들은 이 소식을 전 세계로 전파했어요. 수많은 사람들이 말랄라의 수상 실패를 안타까워했습니다. 하지만 그 소식을 듣고 기뻔한 사람들도 있어요. 바로 탈레반이지요.

파키스탄의 탈레반은 '말랄라가 노벨 평화상을 받지 못하게 돼 기쁘다'며 '말랄라가 대단한 일을 한 적이 없기 때문에 노벨 평화상을 받지 못한 것은 당연하다'고 주장했어요. 정말 어처구니없는 일입니다.

"OPCW는 전 세계 화학 무기를 없애기 위해 현장에서 활동하는 중요한 조직입니다. 그들이 국제 사회에서 인정받은 것을 축하합니다."

클린턴 재단 시상식에서 시민사회지도자 상을 수상한 후 참석자들에게 손을 흔드는 말랄라

말랄라는 노벨 평화상 후보에 오른 것만으로도 너무 벅찬 일이라며 OPCW의 수상을 진심으로 축하했어요. 그녀의 겸손한 모습을 보고 세계인들은 또 한 번 감동했습니다.

"말랄라는 우리 가운데 한 사람이며, 우리는 말랄라를 사랑한다. 이미 말랄라는 우리의 영웅이기 때문에 노벨 평화상을 받지 못했어도 크게 상관없다." - 이슬라마바드 대학교 학생

"말랄라는 우리가 반드시 들어야 하는 목소리를 대변하는 인물

이다. 열여섯 살이라는 나이와는 상관없이 말랄라는 어린 전사이며, 말랄라의 주장은 새겨들어야 한다. 말랄라의 노벨 평화상 수상을 학수고대했는데 실망스럽다." - 카슈미르 지방 정치인

노벨 평화상 수상자가 발표되는 순간 파키스탄 곳곳에서는 탄식이 흘렀대요. 하지만 말랄라는 상에 연연하지 않고 자신을 지지해 준 국민들에게 담담하게 말했어요.

"제게 지지와 성원을 보내고 호의를 베풀어 준 전 세계 모든 사람들과 파키스탄 국민, 언론에 감사합니다. 저는 앞으로도 어린이의 교육권을 위해 계속 투쟁하겠습니다. 계속해서 제 뜻을 지지해 주시길 부탁드립니다."

말랄라 신드롬

OPCW는 사람이 아니라 단체입니다. 노벨 평화상은 2013년까지 125차례 수상자를 선정했습니다. 그 가운데 무려 25차례는 단체와 기구가 받았어요. 유니세프UNICEF, 국제법연구소IoIL, 국제평화국IPB, 국제적십자위원회ICRC, 국제앰네스티AI, 국경없는의사회MSF 등 입니다.

그런데 말랄라가 노벨 평화상 수상자로 선정되지 않자 '말랄라 신드롬'이 나타났어요. 참 이상한 일이지요. 전 세계가 말랄라의 목소리에 더욱 귀 기울이는 계기가 됐고, 작은 소녀의 영향력은 세계 최고 권위의 상을 뛰어넘었다는 평가까지 나왔어요. 자서전

출간 등을 계기로 미국을 찾은 말랄라는 노벨 평화상 수상자 못지 않은 환대를 받았습니다. 말랄라의 일거수일투족이 연일 보도되었고 방송 출연도 잇달았어요.

가장 안타까워했던 나라는 역시 말랄라가 지금 살고 있는 영국입니다. 엘리자베스 2세 여왕은 버킹엄 궁으로 말랄라를 초대했어요. 영연방 청소년 교육 증진을 위해 마련된 이 날 행사에는 전 세계 교육 전문가 350명이 참석했어요.

"초청이 기쁨을 넘어 큰 영광입니다. 우리 모두 어린이 교육을

오바마 대통령을 만난 말랄라

위해 힘껏 노력해야 할 때입니다."

의젓한 말랄라의 인사말을 들은 엘리자베스 여왕의 남편 필립 공이 웃으며 대답했어요.

"어린이들이 학교에 가야 하는 이유가 하나 있는데, 부모들은 자녀가 집에 있는 것을 바라지 않기 때문이에요."

행사장에는 웃음이 넘쳤어요. 하지만 모두 말랄라가 노벨 평화상을 수상하지 못한 것을 아쉬워하며 위로했어요.

노벨 평화상 수상자 발표일에 말랄라는 백악관에서 오바마 대통령 부부를 만났어요.

"노벨 평화상 수상자인 오바마 대통령을 만나게 돼 영광입니다. 파키스탄과 아프가니스탄의 교육과 시리아 난민 지원 등 여러모로 도움을 주셔서 감사드립니다."

대통령 집무실에 들어선 말랄라가 반갑게 인사를 했어요. 하지만 자리에 앉자 미국의 무인기 공격으로 무고한 사람이 희생된 것에 대한 우려도 표명했답니다.

"파키스탄의 여성 교육 운동에 앞장선 감동과 열정에 감사합니다."

오바마 대통령은 이렇게 답하고 '세계 여자 어린이의 날'을 맞아 준비한 선언서에 서명했어요. 소녀들은 우리가 그들에게 자유를 꿈꾸게 할 때 우리가 마음속으로 그린 것처럼 세상을 바꿀 것이라는 내용이었습니다. 말랄라는 환한 웃음으로 감사를 표시했어요.

여성 인권 운동가 말랄라의 꿈은 무엇일까요?

"파키스탄의 총리가 되고 싶습니다. 정치를 통해 조국을 위해 봉사할 수 있어요. 또 의사처럼 조국의 상처를 치료할 수 있으니까요."

그리고 1년, 또 다시 세계인의 가슴에

"나는 말랄라입니다. 하지만 나는 샤지아이고 나는 아미나이며 학교 밖에 내쳐진 6천600만 명의 여자아이입니다… 나는 모든 어린이가 학교에 다닐 때까지 계속 싸울 것입니다. 이 상은 교육받기

2014년 10월 10일

말랄라와 사티아르티 공동 수상

원하지만 아무도 신경 쓰지 않는 어린이와 변화를 원하지만, 목소리를 낼 수 없는 어린이를 위한 것입니다."

2014년 12월 10일 노르웨이 오슬로 노벨평화상 시상식. 밝은 주황색 히잡을 두른 말랄라가 연설하고 있습니다.

말랄라가 인도의 아동권리 운동가 카일라시 사티아르티(60)와 2014년 노벨평화상 공동 수상자로 선정됐거든요.

말랄라를 축하하기 위해 참석한 친구들 샤지아와 아미나는 감격스러운 얼굴로 연설을 듣고 있습니다.

"가만히 침묵을 지키면서 죽든지, 아니면 당당히 발언하고 죽든지 선택해야 하는 상황에서 저는 후자를 선택했습니다. 45년 전에 인류는 이미 달에도 갔는데 무엇이 불가능한가요? 이번 세기에 모든 어린이가 질 높은 교육을 받을 수 있도록 우리가 모두 행동에 나서야 합니다."

이날 연설에서 말랄라는 파키스탄과 인도에서 많은 어린이가 사회적 금기 때문에 교육받을 권리를 박탈당하고 노동이나 결혼에 내몰리고 있다며 아프가니스탄이나 나이지리아 북부에서도 여자들이 학교에 가지 못하고 있다고 다시 한 번 지적했습니다.

말랄라는 강대국들이 평화를 가져오는 데는 왜 이렇게 약한가, 총을 주기는 쉬운데 책을 주는 일은 왜 이렇게 어렵게 여기는가, 탱크는 쉽게 만들면서 학교를 짓는 것은 왜 이렇게 힘들어하는가 되물으며 전 세계 어른들을 질책했어요. 옳은 말이에요. 역시 말랄라답습니다.

말랄라는 노벨상 상금을 고향인 파키스탄 북부 스와트 밸리와 샹글라의 학교를 짓는 데 쓰겠다고 밝혔습니다.

 말랄라와 노벨평화상을 공동 수상한 인도의 아동권리 운동가 카일라시 사티아르티 역시 어린이들을 노동에서 해방시키고 자유롭게 교육받을 수 있게 하자고 강조했습니다.

"내 삶의 유일한 목표는 모든 어린이가 자유로워지고, 자유롭게 크며, 자유롭게 먹고 자고 햇빛을 보고, 자유롭게 웃고 울며, 자유롭게 놀고, 자유롭게 배우고, 자유롭게 학교에 가며 자유롭게 꿈꾸는 것입니다."

두 사람의 수상으로 모든 어린이가 학교로 가는 그 날이 빨리 올 것 같은 기분이 들어요.

> 하늘에서 반짝이는
> 말랄라

　　　　　미국 항공우주국(나사) 제트추진연구소에 근무하는 여성 천문학자 에이미 마인저는 2015년 4월 화성과 목성 사이에서 자신이 발견한 소행성에 '316201 말랄라'라고 이름을 붙였습니다.

소행성의 명칭을 관리하는 국제천문연맹(IAU)은 소행성 발견자에게 명명권한을 주고 있거든요. 마인저는 지름 4km로 5.5년 주기로 태양을 공전하는 이 소행성을 2010년에 발견했어요.

"여성을 기리는 이름의 소행성은 드뭅니다. 하지만 말랄라의 놀라운 이야기를 읽으면서 소행성의 이름이 되기에 충분한 인물이라고 생각했습니다."

이제 하늘을 보면 말랄라가 빛을 내뿜고 있을 거예요. 말랄라가 빛을 내는 동안 우리는 기억해야 합니다. 학교에 가고 싶어 하는 친구들이 지구 저편에 있다는 사실을요.

> 말랄라의 교육 실천은
> 끊이지 않습니다

최연소 노벨 평화상 수상자인 말랄라 유사프자이는 지금 이슬람 극단주의 무장단체 보코하람에 납치된지 300일이 된 나이지리아 여학생들의 석방에 국제사회의 지원을 호소하고 있습니다.

17세 생일을 맞은 지난해 7월에도 나이지리아를 방문해 피랍 학생 부모와 탈출한 여학생을 위로하고, 굿럭 조너선 대통령을 만나 여학생들의 조속한 귀환을 촉구하기도 했습니다.

보코하람은 지난해 4월 나이지리아 동북부 치복에서 여학생

276명을 납치했고 이 중 57명은 가까스로 탈출했지만, 아직 219명이 억류된 상태입니다.

말랄라의 끊임없는 노력 덕분일까요. 미국 시사주간지 타임은 2015 '세계에서 가장 영향력 있는 인물 100인'에 시진핑 중국 국가주석, 팀 쿡 애플 최고경영자, 프란치스코 교황을 포함해 말랄라도 함께 선정했답니다.

TIME

THE 100 MOST
INFLUENTIAL
PEOPLE IN THE WORLD
IN 2015

말랄라는 이제 유명인이 되었어요. 사람들은 이 소녀가 지구촌 평화에 또 다른 진전을 이룰 것이라고 생각할 거예요. 하지만 분명한 사실은 말랄라 혼자서는 아무 것도 할 수 없습니다. 제2의 제3의 말랄라가 끊임없이 나와야 합니다. 그래야 전 세계 아이들이 교육을 받고 행복한 삶을 살 수 있습니다.

노벨상 ABC

노벨상이란

세계 최고의 성과를 낸 인물들에게 주어집니다. 노벨상 수상자들이 쏟아내는 이야기는 세상의 모든 사람들에게 뭉클한 감동을 줍니다. 대한민국에서는 김대중 전 대통령이 노벨 평화상을 수상했을 뿐, 다른 부분의 수상자는 아직 없습니다. 노벨재단은 어떻게 운영되며 수상자는 어떤 과정을 거쳐 선정되는 것일까요.

노벨상의 역사

노벨상은 다이너마이트를 발명한 스웨덴의 화학자이자 기업가인 알프레드 노벨1833~1896년의 유언에 따라 제정됐습니다. 유서에는 인류 복지에 크게 공헌한 발명이나 발견을 한 사람에게 국적을 가리지 말고 상을 수여하도록 돼 있습니다. 이에 따라 1900년 노벨재단이 창설돼 이듬해인 1901년부터 첫 수상자를 배출했습니다. 스웨덴 스톡홀름에 있는 재단은 수상자 선정 과정에 일절 개입하지 않습니다.

노벨상 분야와 상금

노벨상은 물리·화학·생리의학·문학·평화 등 5개 부문으로 시작됐습니다. 1969년부터 경제학상이 추가되었습니다. 상금은 재단의 기금 운용 실적에 따라 조금씩 달라집니다. 첫해 1만1천크로나였던 상금이 지금은 1백만 크로나약 13억 원로 늘었습니다. 수상자가 수상을 거부하면 상금은 노벨재단 기금이 됩니다. 공동 수상하는 수상자들은 상금을 나누어 갖습니다.

각 분야 수상자는 어떻게 선정되나

분야마다 선정 기관이 다릅니다. 물리·화학·경제학상은 스웨덴 왕립과학아카데미, 생리의학상은 스톡홀름에 있는 카롤린의학연구소의 노벨 의회, 문학상은 스웨덴 왕립아카데미, 평화상은 노르웨이 오슬로에 있는 노벨상 위원회가 선정합니다. 매년 9월 각 선정 기관들은 전 세계 전문가 약 3천 명에게 추천서를 보낸 다음, 이듬해 1월 31일까지 회신을 받아 약 3백 명으로 후보를 엄선한 후 선정위원회의 표결에 부쳐 다수결로 수상자를 정합니다. 추천 대상자는 생존자에 한정되지만, 수상 시점에 사망한 경우는 불가피하게 고인에게도 수여됩니다.

평화상을 제외한 5개 부문은 기관이

아닌 개인에게 수여되는데 공동 수상자는 최대 3명, 추천 기록은 50년간 봉인돼 재단에 보관됩니다. 따라서 해마다 거론되는 후보 명단은 언론과 도박 전문가들의 전망일 뿐 공식적인 것이 아닙니다. 노벨상 6개 부문 중 5개 부문은 스톡홀름에서 시상식을 합니다. 하지만 평화상만은 노벨이 작고한 날짜와 시각에 맞춰 매년 12월 10일 오후 4시 30분 노르웨이 오슬로에서 시상식을 합니다.

노벨상을 놓친 사람들

노벨상 1백주년이었던 2001년 노벨상 위원회 측은 '20세기 인물 중 노벨 평화상을 받아야 했는데 못 받은 사람을 한 명 꼽으라면 마하트마 간디'라고 말했어요. 간디는 생전에 다섯 차례나 평화상 후보자 명단에 올랐으나 상을 받지 못했습니다. 노벨상 위원회는 1948년 간디에게 노벨 평화상을 수여하려 했으나 그해 간디가 암살당해 무산되고 말았습니다.

과학 분야에서는 미국의 발명왕 토머스 에디슨이 노벨상을 비켜 갔습니다. 1915년 '뉴욕타임스'는 에디슨이 그의 경쟁자인 니콜라 테슬라와 노벨 물리학상을 공동 수상한다는 오보를 내기도 했습니다.

문학상을 받지 못한 유명한 작가로는 대문호

톨스토이, 안톤 체호프, 마르셀 프루스트, 제임스 조이스 등을 꼽을 수 있습니다.

이색 기록들

노벨상 위원회에 따르면 부부·부자·형제 등이 노벨상을 받은 경우는 열 가족입니다. 최다 수상 집안은 2대에 걸쳐 노벨상을 다섯 개나 가져간 마리 퀴리 부인 일가입니다. 퀴리 부인은 1903년 남편 피에르와 함께 물리학상을 받은 뒤, 1911년엔 단독으로 화학상을 수상했습니다. 이어 1935년에는 딸 이렌이 사위 프레데리크 졸리오와 화학상을 공동 수상했습니다.

그런가 하면 프랑스의 장 폴 사르트르는 1964년 작가로서의 자유에 걸림돌이 된다며 문학상을 거부했습니다. 르득토 북베트남 대표는 1973년 베트남 평화 협상 진전에 대한 공로로 평화상 수상자로 선정됐으나 '조국에는 평화가 오지 않았다'며 수상을 거부했습니다. 그리고 《닥터 지바고》로 유명한 보리스 파스테르나크는 1958년 노벨 문학상 수상자로 결정됐지만 구소련 정부와 작가 동맹의 반대로 결국 수상을 거부했습니다.

퀴리 가족 '최다 수상'

© AP Photo-연합뉴스

말랄라가
만난 사람, 존경하는 사람

반기문 유엔 사무총장

'세계의 대통령'이자 어린이들이 가장 닮고 싶어 하는 인물은 누구일까요? 네, 바로 반기문 유엔 사무총장이에요. 2011년 유엔 안전보장이사회가 만장일치로 연임을 결정해 사무총장 두 번째 5년의 임기를 맡고 있습니다.

"유엔은 세계 대전에서 베를린 장벽의 붕괴와 아파르트헤이트_{남아프리카공화국 인종 차별 정책}의 종식에 이르기까지 굶주린 사람에게 음식을 주고, 병들어 고생하는 사람에게 위안을 주었으며, 전쟁으로 상처받은 사람에게 평화를 주었습니다. 인도적 발전을 위한 위대한 조직이 바로 유엔입니다."

반 총장이 재선을 수락하면서 한 연설이에요. 반 총장은 이 연설을 지키려고 무척 노력했습니다. 말랄라 사건이 터졌을 때도요. 배우고 싶어도 배우지 못하는 세계 어린이들은 그의 마음을

모두가 교육받는 세상을 만들기 위해 노력할 것을 약속한 말랄라와 반기문 사무총장

무척 아프게 했거든요. 그는 늘 이렇게 말했어요.

"시작만으로는 안 됩니다. 사람들이 만지고 느낄 수 있는 결과, 세상이 변하고 있다는 것을 느낄 수 있는 결과를 줘야 합니다."

반 총장은 말랄라가 자신의 생일날 세계 어린이들에게 연설할 수 있게 했어요. 세상이 조금씩 변하고 있다는 것을 보여 준 것이지요.

반기문 총장은 1944년 충북 음성에서 태어났습니다. 어렸을 때 유난히 공부에 몰두했대요. 책을 손에 잡으면 밤새워 읽었고, 새로운 지식을 익히는 걸 무척 즐겼다고 해요. 충주중학교 시절

영어 선생님이 단어든 본문이든 그 날 배운 것을 모두 스무 번씩 써 오라는 숙제를 냈는데, 한 번도 숙제를 안 한 적이 없었대요. 나중에는 교과서를 보지 않고도 외워서 쓸 수 있을 정도였다고 해요.

영어로 된 글이라면 무엇이든 닥치는 대로 읽고 외웠습니다. 시골 마을에서 할 수 있는 공부는 그런 것밖에 없었어요. 영어를 배우기 위해 성당에도 나가고 미국인 기술자도 만났어요. 이런 노력으로 국내 영어 대회에서 1등을 차지해 고3이던 1962년 미국 적십자사에서 운영하는 비스타VISTA 연수생이 됐어요. 43개국 학생 117명과 함께한 이 프로그램에서 반 총장은 미국 케네디 대통령을 만났어요. 한국의 가난한 소년에게 미국은 엄청나 보였어요. 하지만 소년은 당당했어요.

"한국에서 온 소년이구나. 너의 꿈은 무엇이지?"

"네, 저의 꿈은 외교관입니다."

케네디 대통령에게 대답한 것처럼 반 총장은 서울대 외교학과에 입학해 외교관의 꿈을 키웠어요. 어려서도, 대학생이 되어서도, 외교관이 되어서도 반 총장의 공부 열정은 식지 않았습니다. 1등은 늘 반 총장 차지였어요.

반 총장의 별명은 '얼리 버드early bird'예요. 아무리 늦어도 평일에는 아침 5시에 일어나고, 일요일도 6시에는 일어나기 때문이지요. 시차가 있는 지구촌 곳곳의 세계 각국 정상들과 수시로 통화해야 하니까, 토요일이나 일요일에도 일찍 일어나는 습관이 몸에 밴 것이 참 다행이지요.

아침으로는 가끔 밥과 국, 김치 등의 한식을 먹는대요. 바쁠 땐 빵과 우유로 아주 간단한 식사도 하고요. 운동은 어떻게 하냐고요?

"세계 각국의 지도자들이 시차에 구애받지 않고 편한 시간에 나

와 통화할 수 있도록 새벽 2시든, 새벽 4시든 전화를 받습니다. 열심히 일하는 것이 곧 운동이에요."

부지런하기로 소문난 반 총장은 재난과 어려움을 겪는 곳이면 세계 어디든 달려갑니다. 그러다 보면 여객기 좌석 중 싸고 다소 불편한 이코노미 좌석을 이용할 때도 있다고 해요.

유엔 사무총장은 어떤 일을 할까요.

반 총장은 유엔 직원 1만1천여 명에 대한 인사권과 23억 달러약 2조 2천억 원라는 막대한 유엔 예산을 집행해요. 연봉은 22만7253달러약 2억 1천만 원, 뉴욕의 유엔 사무총장 관저는 1년에 1달러만 내고 사용할 수 있어요.

유엔은 전쟁 방지와 평화 유지를 위해 1945년 설립된 국제기구예요. 산하에 여러 기구를 두고 있어요. 여러분이 알 만한 기구로는 유니세프UNICEF, 세계보건기구WHO, 유네스코UNESCO, 국제통화기금IMF, 세계무역기구WTO, 국제원자력기구IAEA 등이 있어요.

김용 세계은행 총재

　반기문 유엔 사무총장과 함께 세계인의 중심에 서 있는 한국인이 또 있어요. 바로 세계은행 김용 총재입니다.
　노벨 평화상 발표일에 말랄라는 세계은행 김 총재와 만났어요.
　"미국 정치인들에게 들려 줄 이야기가 있나요?"
　김 총재가 묻자 말랄라가 눈을 반짝이며 대답했어요.
　"전쟁을 끝내기 위해 전쟁을 한다면 전쟁은 절대 끝나지 않습니다. 많은 돈이 총과 탱크를 만들고, 군인들을 위해 쓰입니다. 우리는 똑같은 액수의 돈을 펜과 책, 교사와 학교를 위해 써야 합니다. 소녀들이 펜과 책을 들고 함께 걸을 수 있어야 합니다."
　김 총재는 크게 공감했어요. 김 총재도 하버드 의대 교수 시절 남아메리카와 아프리카 등에 널리 퍼진 결핵과 에이즈 치료를 위해 열심히 노력했거든요. 김 총재는 보스턴 도심 빈민 지역, 페루

국제통화기금 세계은행 연차 총회에서 연설하는 김용 총재

의 슬럼, 하이티, 르완다, 시베리아 감옥소 등지에서 30년 동안이나 전 세계 가난과 질병을 치료했어요. 지구촌의 건강과 교육을 위해 노력한 두 사람이 만난 셈이죠.

이후 세계은행은 '말랄라 기금'에 20만 달러를 기부하겠다고 발표했어요. '말랄라 기금'은 학교 교육을 받지 못하는 전 세계 여성들을 돕기 위한 자선 단체예요.

김 총재는 서울에서 태어나 다섯 살 때 미국으로 건너간 한국계 미국인이에요. 아버지는 치과 의사였고 어머니는 철학을 전공한 분이셨어요. 이민자의 미국 생활이 결코 편했을 리 없지요. 부모님은 김 총재에게 공부만 하라고 강요하지 않으셨어요.

김 총재는 어머니를 이렇게 기억합니다.

"다른 어머니들과 좀 달랐어요. 공부만 열심히 하라고 하지 않으셨어요. '마틴 루터 킹이나 간디를 생각해 보거라, 세상에 무슨 일이 일어나고 있니?' 하고 늘 물으셨어요."

김 총재 어머니는 아들에게 질문을 자주 하라고 했어요.

'열심히 공부해라' 대신에 '넌 누구냐, 세상을 위해 무엇을 할 수 있냐, 세상이 어떻게 보이느냐, 세상에서 가장 좋은 것이 뭐냐, 가장 위대한 생각을 하는 사람은 누구냐, 너는 어떤 사람이 될 수 있느냐?' 라고 말이에요.

이런 질문들이 지금의 김 총재를 있게 한 가장 중요한 공부였다고 말합니다.

이런 교육 덕분에 김 총재는 미국 동부 8개 명문 사립대학 중 하나인 브라운 대학을 졸업하고, 1991년 하버드 대학에서 의학 박사 학위를 받았어요.

그리고 20여 년 동안 하버드 대학 교수로 재직했어요. 2003년에는 '천재상'으로 불리는 '맥아더 펠로상'을 수상했어요. 이때 세계보건기구WHO 에이즈 국장을 맡아 아프리카와 남미 등에서 의료인으로서의 국제적 명성을 쌓으며, 세계에서 가장 영향력 있는 100인에 선정되기도 했어요.

특히 2009년 7월, 400대 1의 경쟁률을 뚫고 아시아인으로는 최초로 미국 명문 다트머스 대학의 17대 총장으로 취임해서 세계인을 깜짝 놀라게 했어요.

김 총재는 어린이들이 미래의 주인공이 되기 위해서는 열심히 생각하고 글쓰기를 잘했으면 좋겠다고 강조합니다.

"배움에 반드시 필요한 '생각의 습관'이 있습니다. 그 중 하나는 한 영역에서 배운 것을 다른 곳에 적용하는 것과 같은 '끈질김'입니다. 다른 하나는 '글쓰기'인데, 명확하게 말하고 쓸 수 있는 능력을 갖춰야 합니다."

그는 공부만 하는 '공부벌레'는 세상이 원하지 않는다고 말했어요. 대신 학업에 대한 진지한 열정과 세계에서 일어나는 일들에 대한 호기심을 가진 학생들이 필요한 시대라고 강조했어요.

다트머스 대학 총장이 된 첫 날 그는 이렇게 말했습니다.

"한 사람보다 두 사람이 모이면 세계 문제는 훨씬 쉽게 풀 수 있습니다. 한두 명 소수일지라도 헌신하는 사람들만이 세계를 바꿀 수 있습니다."

대학 총장은 어떤 분일까요? 점잖고 아는 것이 많고 늘 너그러운 웃음을 띤 사람이 떠오르나요? 하지만 대학 총장 시절의 김 총재는 파격 그 자체였어요.

대학 연례 행사 '다트머스 아이돌'의 결승전 축하 공연은 정말 유명한 사건이에요. 이 날 총장은 래퍼로 변신해 무대에 올랐어요. 징이 박힌 흰 가죽재킷에 우주인을 연상케 하는 사각 선글라

스를 끼고, LED를 심은 티셔츠에 야광 팔찌를 차고 무대로 걸어 나왔어요.

"Here we go!"

그가 큰 소리로 외치자 학생들이 열광했어요. 그는 마치 유명 팝그룹의 리드보컬처럼 보였어요. 사실 김 총재의 파격적인 모습은 이때가 처음이 아닙니다. 예전에도 마이클 잭슨의 '드릴러'에 맞춰 발차기 댄스를 선보이기도 했거든요.

리더란 어떻게 해야 하는지 그는 몸소 보여 주었어요. 앞에서 무조건 끌기보다 조직과 함께 즐기는 사람이 되어야 한다는 것이죠. 김 총재는 항상 그래 왔어요. 부모님의 가르침처럼요.

버락 오바마 대통령은 그를 세계은행 총재로 지명하면서 이렇게 소개했어요.

"다섯 살 때 이민 와 고등학교 회장, 풋볼팀 쿼터백, 농구팀 포인트 가드로 활약했던 점 등은 김용 총장의 뛰어난 열정을 보여 줍니다. 그는 아이티 지진 복구에서부터 아프리카 국가들의 질병 퇴치를 위해 헌신적인 봉사를 하면서 개도국 국민들에게 희망을 불러일으켰습니다. 김 총장만큼 세계은행 총재 역할을 훌륭하게 수행할 인물이 없습니다."

세계은행은 UN, IMF와 함께 세계를 움직이는 3대 국제기구로 2차 세계 대전 직후인 1945년 출범했어요. 개발도상국의 경제 개발을 위해 돈을 빌려 주는 곳이에요. 우리나라가 6.25 전쟁 직후의 아주 어려운 상황일 때부터 IMF 외환 위기까지 세계은행이 지원해 주었어요.

세계은행은 직원 1만3천여 명을 거느린 거대 국제기구로 매년 약 2580억 달러(약 294조 원)를 각국에 지원합니다.

아웅산 수치

  2013년 미얀마의 민주화 운동 지도자 아웅산 수치 여사가 23년 만에 사하로프 인권상을 받았어요. 1990년 이 상의 수상자로 선정됐지만, 당시에는 가택 연금 중이라 상을 받을 수 없었어요. 가택 연금은 감옥에 갇히는 것보다는 낫지만 집 안에 갇혀 나오지 못하는 상태를 말해요. 물론 사람들도 자유롭게 만나지 못하지요. 2013년도 25번째 사하로프 인권상 수상자는 탈레반을 향해 배우고 싶다고 외친 소녀 말랄라 유사프자이였어요.

  "공포를 이겨 낸 너의 용기가 대단하구나. 반드시 모든 소녀들이 교육받을 수 있을 거야. 그건 모두 말랄라 너로부터 시작된 힘이란다."

  말랄라를 만난 수치 여사는 이렇게 격려했어요. 수치 여사는 1991년 노벨 평화상도 수상했어요. 하지만 그때도 가택 연금 중

2012년 노벨 평화상 수상 21년 만에 수락 연설을 하는 아웅산 수치 여사

이라 상은 남편이 대신 받아야 했어요. 수치 여사에게는 어떤 일이 있었을까요.

아웅산 수치에게 1988년은 운명의 해였습니다. 그녀는 열다섯 살 때부터 30여 년 동안 조국이 아닌 외국에서만 생활했어요. 영국 옥스퍼드 대학에서 정치와 경제, 철학을 공부하고 뉴욕에 있는 유엔에서 일했어요. 학자이자 평범한 주부로 살았어요. 그러나 운명은 그녀를 평범하게 살도록 두지 않았어요.

"여보, 어머니가 뇌졸중으로 쓰러지셨대요. 미얀마에 가 봐야

할 것 같아요."

"그렇지만 지금 미얀마에 시위가 격렬해서 자칫 당신이 위험할까 봐 걱정이오. 괜찮겠소?"

남편 마이클은 걱정스러운 표정으로 수치 여사를 바라봤어요. 수치 여사에게 조국 미얀마는 아주 특별했어요.

수치 여사는 1945년 미얀마 독립의 영웅인 아웅산 장군의 딸로 태어났어요. 아버지 아웅산 장군은 국민들에게는 '아버지'와 같은 존재였어요. 버마(현재의 미얀마)는 1824년부터 영국과 세 차례나 격렬히 싸운 끝에 패배해 1886년 영국의 식민지가 되었어요.

당시 동남아시아는 온통 유럽의 식민지였어요. 베트남은 프랑스, 인도네시아는 네덜란드가 차지했지요. 아웅산은 미얀마의 독립 투사로 영국에 항쟁하여 독립을 이끌어 냈어요. 60여 년에 걸친 식민지 역사를 끝낸 미얀마 건국의 아버지였어요.

하지만 아웅산 장군은 수치 여사가 두 살 때 암살당했어요. 그래서 가족의 고통이 매우 컸어요. 수치 여사는 인도 대사였던 어머니를 따라 인도에서 청소년기를 보낸 뒤 영국과 미국을 떠돌며 살았어요. 하지만 조국 미얀마는 그녀를 잊지 않고 다시 불러들였습니다.

"아웅산 수치 여사가 돌아왔다! 미얀마의 미래가 밝아진다!"

사람들은 수치 여사를 열렬히 환영했어요. 하지만 그녀는 어머니의 간호에만 몰두하고 애써 시민들의 요구를 외면했어요. 그녀의 간호에도 불구하고 어머니 병은 호전되지 않았어요.

"아가야, 사람들이 너를 원하는구나. 힘들더라도 이제 아버지처럼 살아 주면 고맙겠다."

어머니는 이 말을 남기고 돌아가셨어요. 그리하여 수치 여사는 슬픔을 딛고 1988년 8월 민주화 운동에 뛰어들었습니다. '8888 미얀마 민중항쟁'은 1962년 군사 쿠데타를 일으켜 집권한 군부 독재의 장기 집권에 저항해 일어난 운동이에요. 1988년 8월 8일에 시작돼 그런 이름이 지어졌어요. 정부군은 시위대에 무차별적으로 총을 쏘았어요. 6주간 계속된 대규모 민주화 운동으로 2천 명 이상의 희생자가 발생했어요.

수치 여사는 민중들 속으로 들어 갔어요. 그리고 독재 정부에게 민주화를 강력하게 요구했어요. 8월 15일 수치 여사는 정부에 국민들의 요구에 응할 것을 촉구하는 '화평안'을 제안했어요. 희생당한 시민 시위대의 시신이 안치된 양곤의 종합 병원 앞에서 민주화를 위한 연설을 할 때는 미얀마 국민 몇십만 명이 구름처럼 모

였어요. 민주화의 상징, 아웅산 수치의 새로운 인생이 시작된 거예요.

하지만 정부는 시위대를 잔혹하게 진압했고 1989년 7월 수치 여사를 가택 연금했어요. 수치 여사를 국민들과 떨어지게 하면 시위는 사라지고 군사 독재를 할 수 있으리라 생각한 거예요. 수치 여사는 1989년 첫 가택 연금 조치를 당한 뒤 석방과 재구금을 거듭하며 15년가량 갇혀 지냈어요.

1991년 수치 여사는 독재의 탄압에 항쟁한 인류의 모범으로 노벨 평화상 수상했어요. 하지만 가택 연금 중이어서 시상식에 참석하지 못했어요. 남편 마이클 에리어스와 두 아들 킴과 알렉산더가 대신 상을 받았어요.

눈물을 참으며 큰 아들 알렉산더가 말했어요.

"어머니는 가택 연금 상태라서 이 자리에 오지 못했습니다. 하지만 무척 기뻐하고 자랑스러워할 것입니다. 노벨상 상금 130만 달러는 어머니의 뜻에 따라 미얀마 국민을 위한 기금으로 사용할 것입니다."

두 아들은 어머니가 가택 연금을 당하는 동안 거의 만날 수 없었어요. 엄마 없이 훌쩍 커 버린 아들이 어머니 대신 노벨상을 받은 것이에요.

수치 여사는 수많은 고통을 겪었습니다. 그 중 하나가 가족과의 생이별이었어요. 남편이 암으로 세상을 떠나기 직전에도 수치 여사는 미얀마와 가족 중 어느 쪽을 선택할 것인가를 두고 고민에 빠졌어요. 남편을 만나러 미얀마를 떠나는 순간 군부는 재입국을 허락하지 않을 게 뻔했기 때문입니다.

"엄마로서 치러야 했던 가장 큰 희생은 아이들을 포기한 것이었어요. 하지만 다른 동지들은 저보다 훨씬 큰 희생을 마다하지 않았습니다."

노벨상 수상 후에도 미얀마 정부는 오랫동안 그녀에게 자유를 주지 않았어요. 그러다 2010년 11월 13일 가택 연금 상태의 수치 여사를 전격 석방했어요. 세상 밖으로 나온 그녀는 국민들에게 이렇게 말했습니다.

"나를 가두었던 군사 정부를 미워하지는 않습니다. 하지만 나는 그들이 국민들에게 잘 대해 주길 바랍니다. 이제 차분하게 대화할 시기입니다. 국민 전체가 화합해서 노력해야 우리의 목적을 달성할 수 있습니다."

수치 여사가 이끌고 있는 '민주주의 민족동맹NLD'은 1990년 총선에서 485석 중 392석을 차지하며 압승했지만 미얀마 군사 정권은 정권 이양을 거부했어요. 수치 여사는 가택 연금이 해제된 뒤 테인 세인 미얀마 대통령과 만나고 지방을 방문하는 등 정치 활동을 시작했습니다. 2011년 4월에는 국회의원 보궐 선거에 나가 당선되기도 했지요. 사람들은 그녀가 미얀마 대통령 선거에 나올 날도 머지않았다고 생각합니다.

2012년 수치 여사는 마침내 21년 만에 노벨 평화상 수락 연설을 했어요. 이 자리에서 수치 여사는 자신의 노벨상 수상이 '세계가 미얀마를 잊지 않았다는 증거'라고 강조했습니다.

수치 여사는 미얀마의 보라색 전통 의상과 옅은 보라색 스카프를 두르고, 노벨 평화상 수상 연설을 위해 노르웨이의 수도 오슬로의 시청에 모습을 나타냈어요.

"평화는 우리 세계에서 성취할 수 없는 목표입니다. 하지만 그것은 우리가 계속해서 여행해야 하는 목적지이며, 사막을 여행하던 이들을 결국 구원에 이르게 하는 길잡이별과 같은 것입니다."

그녀는 15년의 가택 연금 기간 중 군부의 압박이 심했을 때는 전화는 물론 편지도 보낼 수 없었고 유일하게 라디오만이 세계와 연결되는 통로였다고 고백했어요. 그리고 사람들이 자신을 자랑스러운 조국의 아버지 아웅산의 딸로 봐 주는 게 기쁘다고 밝혔어요.

"노벨 평화상은 세계와 제가 연결되어 있다고 생각하는 고리였어요. 나는 혼자가 아니라고 느낀 계기였습니다."

자유와 민주라는 창을 들고 조국 미얀마를 위해 싸워 온 수치 여사의 연설은 지금도 많은 사람에게 감동을 줍니다.

버락 오바마

살이 에일 듯한 추운 아침이었어요. 추위에 아랑곳하지 않고 2백만 명이 넘는 인파가 워싱턴 D.C.의 국회의사당 앞에 몰려들었어요. 바로 전날인 2009년 1월 15일은 1960년대 흑인 민권 운동 지도자였던 마틴 루터 킹 목사의 탄생 80주년 기념일이었습니다.

"체인지 더 월드Change the world!"

사람들이 외쳤어요. 잠시 후 '검은 케네디'로 불리는 버락 오바마 대통령이 등장했어요. 불과 몇십 년 전 만해도 흑인이 자유롭게 투표하는 것조차 불가능했던 나라에서 최초의 흑인 대통령이 취임한 것입니다.

'우리가 믿을 수 있는 변화'를 선거 슬로건으로 내세웠던 오바마 대통령은 백인 후보들과 경쟁을 벌이면서 빼어난 연설과 어떤 상황에도 흔들리지 않는 침착함으로 명성을 얻었어요.

미국 최초의 흑인 대통령으로 취임한 오바마 대통령과 영부인 미셸

마침내 2008년 11월 4일, 공화당 후보 존 매케인을 누르고 제 44대 미합중국 대통령에 당선되었어요. 놀라운 일은 잇달아 일어났어요. 오바마 대통령이 2009년 노벨 평화상 수상자로 선정된 것입니다. 취임한 지 1년도 안 된 오바마 대통령의 수상은 아무도 예상하지 못했던 결과였어요.

"핵무기 없는 세계를 만들기 위한 미국 대통령의 노력은 매우 중요합니다. 그리고 지금 오바마 대통령만큼 전 세계인의 관심을 받는 사람도 드뭅니다. 미국 최초의 흑인 대통령이라는 상징적 의미들이 세계인들에게 좀 더 나은 미래에 대한 희망을 주었습니다."

노벨상 위원회는 평화상 선정 이유로 '오바마 비전'을 꼽았어요.

오바마 대통령은 1961년 8월 4일 하와이 주 호놀룰루에서 태어났습니다. 아버지는 아프리카 케냐 유학생이던 흑인이었고, 어머니는 미국 캔자스 주 출신의 백인이었어요. 오바마 대통령의 부모가 결혼했던 1960년대는 미국 전체 주 중 절반 이상이 흑인과 백인의 결혼을 심각한 죄로 규정하던 때였어요.

"결혼은 피부색과 하는 것이 아니란다. 사랑하는 사람과 하는 거야."

어머니는 어린 오바마에게 인종 문제를 어떻게 생각해야 하는지를 가르쳤습니다. 그리고 항상 흑인의 장점과 우수성을 이야기해 주었어요.

오바마의 어린 시절이 행복했던 것만은 아니었어요. 두 살 때 오바마 아버지가 하버드 대학 박사 과정에 진학하면서 부모가 이혼했어요. 여섯 살 때는 어머니가 인도네시아 출신 유학생과 재혼하면서 4년 동안 인도네시아에서 살았어요. 이런 복잡한 가정 환경은 오바마를 어른스럽게 만들었습니다. 열심히 공부해 모든 악조건을 이겨 내야겠다고 결심한 것도 바로 이때였어요.

오바마 대통령의 가족 관계는 현재 미국의 인종 구성을 보여 주듯 아주 복잡합니다. 케냐 인 아버지, 백인 엄마, 인도네시아 인 동생……. 사람들은 오바마를 가리켜 다양한 인종과 문화가 융합돼 있다는 뜻으로 '한 사람의 용광로 One-man-melting pot'라고 부르기도 해요.

오바마 대통령은 고교 시절 아파르트헤이트 집회에 참가하면서 처음으로 정치 활동에 관심을 갖기 시작했습니다. 그리고 컬럼비아 대학에 진학해서 정치학을 전공했어요. 시카고 빈민 운동을 이끌면서 법으로 가난한 사람을 보호할 수 있다고 생각했어요. 그래서 뒤늦게 하버드 로스쿨에 진학하여 법학 박사를 받고 변호사가 되었어요. 1990년에는 법률 학술지 '하버드 로 리뷰' 104년 역사상 처음으로 흑인 편집장 자리에 올랐습니다.

영부인 미셸은 오바마 대통령이 하버드 법대 시절 시카고의 법률 회사에서 연수할 때 처음 만났어요. 미셸과의 사이에는 두 딸 말리아와 사샤가 있어요.

사람들은 끊임없이 역경을 극복하는 오바마 대통령의 힘을 '단

핵무기 없는 세상을 위하여

호함'이라고 말합니다.

"완벽한 답을 얻기 위해 열 가지를 시도하는 것보다 한 가지에 충실한 게 더 낫다."

오바마 대통령은 산더미 같은 문제를 해결할 때 가장 중요한 한 가지가 무엇인지를 늘 찾는다고 해요.

또 다른 힘은 '인간미'예요. 이런 오바마의 힘은 백악관을 많이 변화시켰어요. 취임 초기 화제가 된 백악관 청소원과의 주먹인사는 대통령을 이웃 아저씨처럼 느끼게 했어요. 또 백악관 직원 아들에게 허리를 숙여 자신의 머리카락을 만지게 하거나, 백악관 인근 햄버거 가게에서 조 바이든 부통령과 함께 줄을 서서 기다렸다가 직접 돈을 내고 사 먹는 등 소탈한 대통령의 모습을 보여 주었어요.

2012년 미국 대통령 선거가 다시 찾아왔어요. 사람들은 이번에는 꼭 백인이 대통령에 당선될 것이라고 말했습니다. 결과는 어떻게 됐을까요?

"앞으로 forward!"

오바마 대통령은 재선 슬로건을 '전진'이라고 내세웠어요. 어려움은 많았지만 앞을 향해 가자고 미국인들에게 호소했어요.

"무슨 일을 하든, 어떻게 생겼든, 누구를 사랑하든 우리는 모두 자랑스러운 미국인입니다."

결국 오바마 대통령은 공화당의 미트 롬니 후보를 누르고 재선에 성공했어요. 오바마 대통령은 노벨 평화상 발표일에 말랄라를 백악관으로 초청했습니다. 인종 차별과 교육 차별에 맞선 두 사람이 만났어요. 이들이 있어 세상은 좀 더 평등해지고 인간의 권리는 좀 더 존중받을 수 있는 것 같아요.

2013년 12월 5일 아프리카의 큰 별 만델라 대통령이 세상을 떠났어요. 12월 10일 열린 추모식에 오바마 대통령도 참석했어요. 그는 세계 평화를 위해 일한 만델라의 죽음을 무척 슬퍼했습니다. 케이프타운 대학을 방문한 오바마 대통령은 남아공 학생들에게 이렇게 고백했어요.

"남아프리카공화국의 아파르트헤이트는 열아홉 살 대학생이었던 나를 정치에 뛰어들게 만들었습니다."

그는 만델라를 통해 지금의 자신보다 더 큰 무엇인가의 일부가 될 수 있다는 믿음을 갖게 됐다고 말했어요.

"만델라 대통령은 우리에게 실천의 힘을 보여 주었습니다. 부끄럽지 않은 저항 정신, 공정함에 대한 강한 의지를 보여 주었죠.

그가 남긴 숙제는 '어떻게 평등과 정의를 실현시킬 것인가, 어떻게 자유와 인권을 지킬 것인가' 입니다. 이런 질문에 쉬운 해답이 있는 것이 아닙니다. 1차 세계 대전 때 태어난 소년 만델라도 쉬운 해답을 가지고 있었던 것은 아니지요. 그는 우리에게 끝나기 전에는 항상 불가능한 것은 없다는 것을 알려 주었습니다."

만델라는 떠났지만 오바마 대통령은 자유와 인권을 어떻게 지켜 나갈 것인지 고민하고 있는 것 같아요.

넬슨 만델라

"가장 위대한 무기는 평화입니다. 착한 머리와 착한 가슴은 언제나 붙어 다닙니다. 강철 같은 의지와 필요한 기술만 있다면, 세상의 어떤 불행도 자기의 승리로 탈바꿈시킬 수 있습니다. 사람 간에는 무엇을 가지고 태어났느냐가 아니라, 자기가 가진 것으로 무엇을 이루어 내느냐는 차이가 있을 뿐입니다. 어느 민족에게든, 발전을 이룩하기 위한 가장 위대한 무기는 평화입니다."

이렇게 멋진 연설한 한 사람은 남아프리카공화국의 전 대통령 넬슨 만델라입니다.

남아공은 오랫동안 흑인을 차별했어요. 심지어 아파르트헤이트를 실시했어요. 흑인과 백인은 같은 동네에 살 수 없고, 결혼도 금지되고, 심지어 공공기관을 이용할 때도 다른 장소에 머물러야 했어요. 흑인을 사람으로 대우하지 않았던 거예요.

흑인의 자유와 평등을 위해 힘쓴 인권 운동의 큰 별 넬슨 만델라 전 대통령

만델라는 아파르트헤이트에 저항하고 흑인의 자유와 평등을 위해 힘썼어요.

만델라의 이름은 두 개예요. 영국식 이름은 넬슨, 아버지가 지어 준 아프리카 이름은 롤리훌라훌라입니다. 그가 자유와 평등을 위해 싸우게 된 데는 어머니가 들려 준 아프리카 민담이 큰 영향을 끼쳤어요.

"롤리훌라훌라야, 이제 잘 시간이구나. 엄마가 이야기를 들려

줄게. 꿈 속에서 자유롭게 여행하렴."

이마에 뽀뽀하면서 엄마는 소년 만델라에게 이야기를 들려 주었어요.

"늙고 병든 여인이 살았어. 눈곱이 덕지덕지 끼어 앞을 잘 볼 수가 없었단다. 할 수 없이 여행자에게 도움을 청했지. 첫 번째 여행자는 눈곱이 덕지덕지 낀 늙은 여인의 눈길을 피해 버렸단다. 당연한 일이지. 여인은 다시 다른 여행자에게 자신의 눈곱을 닦아 달라고 부탁했어."

"이번에도 닦아 주지 않았나요?"

롤리훌라훌라가 눈을 반짝이며 물었어요.

"너라면 어떻게 했겠니? 그 여행자도 내키지는 않았지만, 늙은 여인의 눈곱을 닦아 주었지. 그 순간 여인은 젊고 아름답게 변신했어. 여행자는 망설였던 자신을 부끄러워했지. 여행자는 그녀와 결혼해서 잘 살았단다."

"정말 다행이에요, 엄마. 모두가 행복해져서요."

"너도 사람을 겉모습으로 판단해서는 안 된단다. 사람은 늘 사랑하며 너그럽게 살아야 한단다."

만델라는 엄마의 이야기를 마음속 깊이 새겼어요. 자신도 늘 가난하고 불쌍한 사람들의 눈곱을 닦아 주리라 마음먹으면서요.

만델라는 대학에서 법을 공부했어요. 정의·자유·평등이 무엇인지 깊이 고민했어요. 당시 백인들의 흑인 차별이 무척 심각했거든요. 만델라는 대학을 졸업하고 1944년에 '아프리카민족회의'에 참여하면서 흑인 해방 운동의 지도자로 성장했어요.

흑인들은 만델라를 중심으로 뭉치기 시작했고, 백인들은 그를 경계하기 시작했어요. 1952년 만델라는 남아공 최초의 흑인 변호사가 되어 흑인 차별이 얼마나 잘못된 일인지 세상에 알리는 일을 시작했지요. 그리고 아파르트헤이트에 항거한 죄로 여러 차례 경찰에 끌려갔어요.

"아파르트헤이트는 흑인을 열등하게 만듭니다. 우리 흑인들은 거기에 저항합니다."

1960년 경찰이 시위대를 향해 발포해서 어린이 10명을 포함한 69명이 사망하고, 부상자가 180여 명이나 발생한 '샤퍼빌 대학살' 사건이 일어났어요.

"정말 슬픈 날입니다. 같은 남아공 사람이면서 우리 흑인들은 사는 곳도 달라야 하고, 이동할 때 통행증을 가지고 다녀야 하다니요. 이제 정부를 믿지 않습니다. 우리는 자유입니다. 자유롭게 살고 이동할 것입니다."

만델라는 수많은 흑인들과 함께 아파르트헤이트를 거부했어요. 그 바람에 결국 27년 동안이나 감옥에 갇혔습니다. 27년은 기나긴 시간이었어요. 아기가 청년이 되고, 청년은 노인이 될 수 있는 시간이니까요.

만델라는 감옥에서 채소밭을 가꾸었어요. 묘목을 구해 나무도 심었고요. 결코 지지 않았다는 것을 보여 주려고 했습니다.

"사는 동안 반드시 운동을 해야 합니다."

그는 늘 이렇게 강조했어요. 감옥에서도 그는 평소처럼 권투 연

습과 유산소 운동을 시작했어요. 하루도 빠짐없이 감방 안에서 제자리 달리기 45분, 손가락 짚고 팔굽혀펴기 200회, 윗몸 일으키기 100회, 허리 굽히기 50회 이상을 했습니다. 감옥 생활은 사람을 무기력하고 나태하게 만들지만 만델라는 달랐어요. 다른 젊은 수감자들은 늙은 만델라가 운동하는 모습을 보고 함께 운동하기 시작했어요. 이렇게 만델라는 모든 곳을 변하게 만드는 실천력을 보여 주었습니다.

1990년 마침내 만델라는 감옥에서 풀려났어요.

"비록 일흔한 살이지만 나는 내 인생이 이제 막 새롭게 시작되는 것을 느낍니다. 1만 일 동안에 걸친 교도소 생활은 이제 끝났습니다."

세계인은 자유와 평화의 상징이자 불굴의 의지를 가진 만델라에게 1993년 노벨 평화상을 수여했어요.

1994년 만델라는 대통령 선거에 출마하여 인종 차별 정책이 폐지된 남아공의 첫 대통령이 되었습니다. 남아공 최초의 민주 선거에서 최초의 유색인 대통령으로 당선된 것이에요.

넬슨 만델라는 남아공 최초의 흑인 대통령이자, 노벨 평화상을 수상한 위대한 지도자이며 평화주의자였어요. 2009년 유엔은 넬슨 만델라의 생일인 7월 18일을 '넬슨 만델라의 날'로 선포했습니다. 만델라는 항상 자신의 생일이 나눔의 날이 되었으면 좋겠다고 생각했어요.

"여러분, 만델라의 날에는 사회와 다른 사람을 위해 67분 동안 봉사를 하면 좋겠습니다. 굳이 공식적인 행사에 참여해 선행을 베풀 필요는 없어요. 단지 누군가를 위해 미소를 짓는 것만으로도 충분합니다."

만델라는 이 날 67분 동안 다른 사람을 위해 노력하자고 당부했어요. 그런데 왜 67분일까요? 만델라의 날이 제정된 2009년이 그가 인간의 권리를 위해 살아온 지 67년째 되는 해였거든요.

세계에서는 가끔 '46664콘서트'가 열려요. 이 콘서트의 목적은 에이즈 퇴치 기금이나 아프리카 어린이를 위한 학교 건립 등입니다. 46664는 만델라가 27년 동안 사용한 죄수 번호였어요. 하지만 이 죄수 번호가 이제는 자유와 평등의 상징이 되었습니다.

2012년 만델라에 대한 존경과 감사를 담아 남아공 정부는 만델라 지폐를 발행했어요. 만델라는 자신은 마음이 시키는 대로 용기 있게 했을 뿐이라고 겸손히 말했습니다.

"용기란 두려움이 없는 것이 아니라, 두려움을 이기는 것입니

넬슨 만델라 전 대통령 추도식장의 오바마 대통령

다. 용감한 사람은 무서움을 느끼지 않는 사람이 아니라, 두려움을 정복하는 사람입니다."

2013년 12월 5일 인간의 자유와 평등과 존엄을 위해 일생을 바친 넬슨 만델라 남아프리카공화국 전 대통령이 서거했어요. 수많은 사람들이 그의 죽음을 슬퍼하며 추모했습니다. '가장 위대한 무기는 평화'라는 걸 일깨운 인권 운동의 큰 별이 사라졌으니까요. 하지만 그의 자서전 제목처럼 '자유를 향한 머나먼 여정'은 우리의 마음속에 선명한 길잡이로 남을 것입니다.

마더 테레사

"사람들은 빈곤이 굶주리고, 헐벗고, 머물 곳 하나 없는 것으로 생각합니다. 그러나 진정한 빈곤은 주위에서 아무도 당신을 원하지 않고, 사랑하지 않으며 돌보려 하지 않는 것을 뜻합니다."

– 마더 테레사

'빈자의 성녀'로 추앙받았던 마더 테레사 수녀는 1910년 유고슬라비아에서 태어났어요. 어린 시절 이름은 아그네스입니다. 테레사는 수녀원에서 받은 세례명이에요. 당시 유고는 여러 민족이 모여 살았고, 종교도 이슬람교·기독교·그리스정교 등으로 복잡했어요.

테레사 수녀가 태어난 해 아버지가 돌아가셨어요. 하지만 어머니가 사랑으로 잘 키워 주셨습니다.

"어머니, 저는 수녀가 되고 싶어요."

평생 가난하고 병든 사람을 위해 봉사와 희생의 삶을 산 테레사 수녀

열두 살이 된 테레사가 말했어요. 어머니는 신앙심이 깊었지만 딸의 말에 깜짝 놀랐어요.

"아그네스, 수녀도 좋지만 네가 하고 싶은 일이 더 많을 거야. 우리 함께 찾아보자꾸나."

엄마는 어린 딸을 달랬어요. 하지만 테레사는 갈수록 신앙심이 깊어졌고 결국 열여덟 살에 고향을 떠나 아일랜드의 로레타 수녀회로 들어 갔습니다.

당시 영국 식민지였던 아일랜드의 로레타 수녀회에서는 많은 수녀들을 교육해 영국의 식민지인 인도로 파견했어요. 인도로 파견된 수녀들은 백인의 딸들을 가르치기도 했습니다.

테레사 수녀도 1931년부터 1947년까지 인도 콜카타에 있는 성 마리아 수녀원의 부속 학교에서 지리학을 가르쳤어요. 무슨 일이든 성실히 열정적으로 한 테레사 수녀는 16년 동안 교사 생활을 하면서 교장으로 승진했습니다. 수녀로서 자기에게 주어진 일에 성실하게 해냈으니까요.

1946년 어느 날이었어요. 그 날도 햇빛은 뜨거웠어요. 콜카타에서 다즐링으로 기도하러 가던 테레사 수녀는 슬펐습니다. 거리에는 헐벗고 굶주린 사람들이 넘쳐났어요. 어른뿐만이 아니라 며

칠을 굶었는지 눈이 움푹 팬 어린이들도 많았습니다. 기차를 탄 테레사 수녀의 마음이 밝지 않았어요.

"고통받는 인도의 가난한 사람들을 돌보거라."

어디선가 선명한 소리가 테레사 수녀의 귀에 들렸어요. 그것은 아버지 하느님의 목소리였습니다. 깜짝 놀라 두리번거렸어요. 그때 또다시 하느님의 목소리가 들렸어요.

"고통받는 인도의 가난한 사람들을 돌보거라."

평온한 수녀원 문을 열고 거리로 나가라는 말씀이었어요. 고통받는 사람들을 위해 기도하기보다 직접 두 손으로 그들을 돌보라는 뜻이었습니다.

수녀원의 반대를 무릅쓰고 1948년 테레사 수녀는 가난한 사람들을 돌보기 위해 거리로 나섰어요. 콜카타 거리는 가난한 어린이들의 집이었습니다.

1940년대 인도 정치 상황은 매우 복잡했어요. 2차 세계 대전 이후 200여 년간의 영국 지배에서 벗어나 독립했지만 사회는 불안정했거든요. 많은 사람들이 아무런 보살핌도 받지 못한 채 굶주림과 병마 속에서 죽었습니다.

"신의 부름을 받고 그들을 돌보기 위해 거리로 나섰지만 무엇부

터 시작해야 할지 막막합니다. 길을 열어 주세요."

테레사 수녀는 하느님께 기도했어요.

처음에는 어려움의 연속이었습니다. 인도는 영국으로부터 막 독립했기 때문에 사람들은 영국계 수녀회 출신 수녀를 환영하지 않았어요. 게다가 대부분 힌두교를 믿는 인도 사람들은 테레사 수녀의 봉사를 선교 활동으로 오해하고 적대시했어요.

"하느님을 믿지 않아도 됩니다. 선교하려는 게 아니에요. 가난하고 병들어 죽어 가는 불쌍한 사람들에게 안식과 위안을 나누어 주는 것이 제 목표입니다."

테레사 수녀는 이렇게 말하며 인도 사람들에게 자신의 뜻을 알리기 위해 검은 수녀복을 벗고 인도의 흰색 사리를 입었어요. 흰색 사리는 인도 여인 중 가장 가난하고 미천한 여인들이 입는 옷이에요. 이 옷은 훗날 테레사 수녀를 상징하는 옷이 되었습니다.

테레사 수녀는 자신이 특정 국가나 특정 종교를 홍보하려는 것이 아님을 알리기 위해 인도 국적을 취득했어요. 그녀에게 봉사와 박애는 이미 가톨릭을 뛰어넘어 더 큰 의미의 종교처럼 되었으니까요.

맨 처음에는 가난한 어린이 다섯 명을 가르쳤어요. 그러다 테레사 수녀의 봉사는 점차 그 영역이 넓어졌습니다. 테레사 수녀에게 배운 학생들이 그녀를 도왔고, 후원자도 한두 명씩 생겨 났어요.

테레사 수녀는 후원금으로 가난한 어린이들을 가르치면서 병든 사람들을 간호하고, 죽음에 임박한 사람들이 보살핌을 받으며 인간답게 죽을 수 있는 집도 지었어요.

처음에는 미혼모와 고아들을 위한 집을 만들었습니다. 그 다음에는 나병 환자들의 마을을 만들었어요.

"왜 백인이 우리 인도 사람을 돕지?"

"처음에는 잘해 주다가 나중에 우리에게 돈을 내놓으라고 할지 몰라."

여전히 사람들은 테레사 수녀의 헌신적인 봉사를 의심스러워했어요. 하지만 묵묵히 실천하는 그녀의 선행에 가톨릭 교단과 인도 정부는 그녀의 봉사와 박애 정신을 인정하지 않을 수 없었어요.

"하느님의 연필, 그것이 바로 저입니다. 하느님은 작은 몽당연필로 좋아하는 것을 그리십니다. 하느님은 우리가 아무리 불완전한 도구일지라도, 그것으로 너무나 아름다운 그림을 그리십니다." - 마더 테레사

마침내 그녀를 돕기 위해 사람들이 하나둘 모여 들기 시작했어요. 그리고 테레사 수녀를 중심으로 1950년 '사랑의 선교 수녀회'가 결성됐습니다. 이때부터 사람들은 테레사 수녀를 '마더 테레사'라고 불렀어요.

조직이 점점 커지고 테레사 수녀는 유명인이 되었습니다. 하지만 겸손한 자세와 가난한 사람을 사랑하는 자세는 바뀌지 않았어요. 테레사 수녀는 늘 겸손했습니다. '허리를 굽혀 섬기는 자는 위를 보지 않는다'고 말하며 자신의 몸을 한껏 낮췄어요.

1982년 테레사 수녀가 일본을 방문했어요. 강연을 듣고 많은 학생들이 감동해서 콜카타로 자원 봉사하러 가겠다고 했어요.

"봉사하기 위해 일부러 콜카타에까지 오시지 않아도 됩니다. 여러분들 이웃에 콜카타가 있어요. 그 콜카타를 위해 일하세요."

테레사 수녀는 웃으며 대답했어요. 자기 이웃부터 사랑하라는 뜻이지요.

테레사 수녀는 1979년 노벨 평화상을 받는 시상식에도 평소처럼 흰색 사리와 샌들 차림이었어요.

"이 상금으로 빵을 몇 개나 살 수 있을까요?"

테레사 수녀의 노벨상 수상 소감입니다. 그녀는 상금을 콜카타의 가난한 사람들을 위해 모두 썼고, 시상식 만찬대신 그 비용으로 가난한 사람을 도와 달라고 부탁했어요.

노벨상 시상식에서 기자들의 질문이 쏟아졌어요.

"수녀님, 지구촌 사람들이 세계 평화를 위해 어떤 일을 할 수 있을까요?"

"집에 돌아가 가족을 사랑해 주세요."

"수녀님, 사랑이 무엇이죠?"

"사랑은 언제나 실천하는 행동입니다."

가난하고 병든 사람들을 위해 평생을 바친 '살아 있는 성자' 마더 테레사 수녀는 1997년 여든일곱 살에 돌아가셨어요. 테레사 수녀의 장례는 인도의 국장으로 치러졌습니다.

마틴 루터 킹

"나에게는 꿈이 있습니다. 내 아이들이 피부색이 아니라 인격을 기준으로 사람을 평가하는 나라에서 언젠가 살게 되는 꿈이 있습니다. 흑인 어린이들이 백인 어린이들과 형제 자매처럼 손을 마주 잡을 수 있는 날이 올 것이라는 꿈입니다."

말랄라가 존경하는 미국의 인권 운동가 마틴 루터 킹 목사의 유명한 연설 '나에게는 꿈이 있습니다 I have a drem'의 한 부분이에요. 1963년 8월 28일 흑인 노예 해방을 기념해 워싱턴 대행진이 벌어졌을 때 킹 목사가 한 연설입니다.

킹 목사의 연설이 나온 지 50년이 된 2013년 8월 28일, 미국에서는 이 날을 기념하기 위해 '자유의 종을 울려라' 라는 행사를 열었어요. 전국에서 수만 명이 몰려 들었습니다.

버락 오바마 대통령은 오후 3시 5분, 50년 전 킹 목사가 연설한 바로 그 시간에 연단에서 30분 가까이 연설했어요.

"50년 전의 그런 용기를 가지고, 더 좋은 일자리와 정당한 임금, 건강을 지킬 권리를 위해 함께 맞서야 합니다. 50년 전 행진의 결과로 흑인인 제가 대통령이 되는 변화가 찾아왔습니다."

참석자들이 뜨거운 박수를 보냈어요. 킹 목사의 막내딸인 버니스 킹도 열변을 토했어요.

"우리가 자유를 위한 투쟁을 계속하고 진정한 공동체를 만들고자 한다면 우리 이웃들에 대한 이기심을 버리고, 더 많은 사랑을 쏟아야 합니다."

행사장에 모인 사람들은 50년 전 흑인들이 얼마나 박해받았는지, 자유와 평등을 위해 싸웠는지 떠올렸어요. 그리고 킹 목사를 그리워했습니다.

킹 목사는 1929년에 조지아 애틀랜타 시의 중산층 흑인 가정에서 태어났어요. 어릴 때부터 흑인 차별에 대해 공평하지 않다고 생각했습니다.

그때는 미국 곳곳에서 흑인 차별이 당연하게 이루어지고 있었어요. 미국의 '흑백분리법' 에 따라 식당이나 화장실, 레스토랑 등 공공장소에서 흑인과 백인의 구역을 분리했어요. 또한 백인이 가

마틴 루터 킹 목사와 미국 제36대 존슨 대통령

장 우월한 존재라는 신념으로 조직된 KKK의 테러와 폭력, 협박이 흑인을 늘 괴롭혔어요.

킹 목사는 열다섯 살에 조지아 주 더블린에서 열린 웅변 대회에서 '흑인과 헌법'이라는 주제로 연설해서 상을 받았어요. 킹 목사는 헌법이 정한대로 흑인이 미국 시민으로서 정당한 대우를 받아야 한다고 생각했습니다. 1954년 침례교회의 목사로 취임한 킹 목사 앞에는 늘 시련받는 흑인들의 모습뿐이었어요.

"원수를 사랑해야 한다, 백인을 사랑해야 한다."

킹 목사는 부모의 가르침을 따르려고 했지만 흑인들의 고통은 너무 심했어요. 마침내 킹 목사는 저항하기로 결심했습니다. 핍박받는 흑인들을 돕기 위해 언제나 달려갔어요. 그런 킹 목사를 백인들은 온갖 방법으로 괴롭혔습니다. 자택이 폭파당하고, 정신 질환자의 칼에 습격당하는 등 킹 목사는 흑인 인권 운동 때문에 이루 헤아릴 수 없는 시련을 겪었어요. 하지만 포기하지 않았습니다. 그는 흑인 친구들과 함께 거리로 나섰어요. 폭력을 쓰지도 않았어요. 그냥 외쳤습니다.

"흑인에게 자유를, 평등을, 평화를!"

1964년 7월, 마틴 루터 킹의 끊임없는 노력으로 '1964년 시민권 법령'이 제정되었어요. 흑인들은 그때부터 투표권을 갖게 되었습니다. 그 동안은 미국 시민이어도 대표를 뽑을 수도 없는 신세였어요. 이런 공로로 그 해 12월 킹 목사는 오슬로에서 노벨 평화상을 받았습니다.

하지만 기쁨은 잠시였어요. 킹 목사는 1968년 4월 4일, 서른아홉 살의 젊은 나이로 세상을 떠났습니다.

흑인 청소부들의 파업을 지원하려고 멤피스를 방문했을 때였어요. 주변 사람들은 그에게 파업 지원을 그만두라고 말렸습니다.

생명이 위협받을 것이라고 걱정했지요.

"나도 오래 살고 싶다네. 왜 오래 살고 싶지 않겠나. 그러나 지금은 그런 것에 개의치 않아. 단지 신의 뜻대로 행동하고 싶을 뿐이네."

다음 날 저녁, 묵고 있던 로레인 모텔의 2층 발코니에 킹 목사가 서 있을 때 마치 자동차의 배기관이 폭발하는 것처럼 거대한 폭발음이 들렸어요. 인근 주택의 창문에서 발사된 소총 소리였어요. 잠시 후 킹 목사는 머리에 총상을 입고 발코니에 쓰러진 채 발견되었습니다.

그는 아직 숨쉬고 있었고, 친구들이 급히 다른 방에서 이불을 가져와 덮어 주었지만, 구급차가 도착하기 전에 사망했어요. 꿈이 있다고 외치던 용감한 그는 영원히 우리 곁을 떠났습니다.

그를 죽인 사람은 테네시 출신의 백인 제임스 얼 레이입니다. 이유는 단 한 가지, 킹 목사가 흑인이었기 때문이에요. 킹 목사가 죽기 두 달쯤 전인 2월 4일, 마치 자신의 죽음을 예견한 듯 마지막 설교를 했습니다.

"내가 죽거든 나를 위해 긴 장례를 하지 마세요. 또 내가 노벨상 수상자라는 것도 이야기하지 마세요. 그런 것은 하나도 중요하

지 않습니다. 나는 그저, 마틴 루터 킹은 다른 사람들을 위해 살려고 노력했고, 다른 사람들을 사랑하려 했으며, 전쟁에 대해 올바른 입장을 취했다는 평가를 받고 싶습니다. 배고픈 사람에게 먹을 것을 주고 헐벗은 사람들에게 입을 것을 주려고 애썼으며, 인간다움을 지키고 사랑하기 위해 몸바쳤다고 기억되었으면 좋겠습니다."

미국 의회는 1986년부터 1월 셋째 주 월요일을 마틴 루터 킹 목사의 탄생을 기념하는 국경일로 지정했어요. 개인의 탄생일이 전

국적으로 휴일이 된 것은 미국의 초대 대통령인 조지 워싱턴에 이어 두 번째 일입니다.

지금 킹 목사가 원하던 간절한 꿈은 이루어졌나요? 우리는 그 꿈을 지켜 나갈 수 있을까요? 킹 목사의 그 유명한 연설문을 되새겨 보아요.

I HAVE A DREAM

나에게는 꿈이 있습니다.

조지아 주의 붉은 언덕에서 노예의 후손들과 노예 주인의 후손들이 형제처럼 손을 맞잡고 나란히 앉게 되는 꿈입니다.

나에게는 꿈이 있습니다.

이글거리는 불의와 억압이 존재하는 미시시피 주가 자유와 정의의 오아시스가 되는 꿈입니다.

나에게는 꿈이 있습니다.

내 아이들이 피부색을 기준으로 사람을 평가하지 않고 인격을 기준으로 사람을 평가하는 나라에서 살게 되는 꿈입니다.

지금 나에게는 꿈이 있습니다!

나에게는 꿈이 있습니다.

지금은 지독한 인종 차별주의자들과 주지사가 간섭이니 무효니 하는 말을 떠벌이고 있는 앨라배마 주에서, 흑인 어린이들이 백인 어린이들과 형제자매처럼 손을 마주잡을 수 있는 날이 올 것이라는 꿈입니다.

지금 나에게는 꿈이 있습니다.

골짜기마다 돋우어지고 산마다, 작은 산마다 낮아지며 고르지 않은 곳이 평탄케 되며 험한 곳이 평지가 될 것이요, 주님의 영광이 나타나고 모든 육체가 그것을 함께 보게 될 날이 있을 것이라는 꿈입니다.

마하트마 간디

"삐뽀삐뽀."

1922년 3월 10일 밤 10시 30분. 경찰차 한 대가 마하트마 간디가 머무는 사바르마티의 아슈람^{수행자들의 거처}에 도착했어요. 한 경찰관이 차에서 내려 간디가 있는 방갈로에 왔습니다.

"선생님을 구속하라는 명을 받았습니다. 준비되는 대로 동행해 주십시오."

경찰이 자신을 체포하러 왔는데도, 간디는 전혀 동요하지 않았어요. 간디는 수행자들을 모아놓고 신에게 찬송과 기도를 올렸어요. 기도를 마치자 경찰을 따라나선 그가 챙긴 물건은 담요 두 장과 여분의 허리감개 한 장, 그리고 힌두 경전과 책 몇 권이 전부였어요.

간디는 평생을 비폭력 평화 투쟁에 목숨 걸었어요. 말랄라는 간디의 영혼을 닮고 싶다고 말했습니다. 간디는 누구일까요? 그를 비폭력 투쟁에 나서게 한 시대는 어떤 어둠을 안고 있었을까요.

간디의 본명은 모한다스 카람찬드 간디예요. 마하트마는 '위대한 영혼'이라는 뜻인데 인도의 시인 타고르가 부른 이름입니다. 나중에 전 국민이 그를 마하트마라고 불렀어요.

위대한 인물들은 대체로 어린 시절부터 남다른 점이 있지요. 하지만 간디는 지극히 평범했어요.

"간디, 구구단 8단을 외워 보렴."

선생님의 말씀이 채 끝나기도 전에 간디는 얼굴이 빨개지고 답을 몰라 말을 더듬었어요. 하지만 매우 정직했습니다. 당시 인도는 영국의 식민지였어요. 가끔 영국 장학사가 영어 교육 검열을 나왔습니다. 장학사가 도착했을 때 간디의 반은 받아쓰기 시험을 치고 있었어요.

"케틀솥, kettle."

선생님이 단어를 말하자 어린이들은 열심히 썼어요. 간디는 'cettle'라고 썼지요. 당황한 선생님이 간디 옆으로 가서 칠판에 적힌 단어를 보고 쓰라는 눈치를 줬어요. 하지만 알아들었는지 못 알아들었는지 간디는 꿈쩍도 하지 않았습니다. 수업이 끝나자 선

인도의 시인 타고르와 간디

생님이 간디를 불렀어요.

"왜 칠판의 단어를 보고 적지 않았지?"

간디는 선생님 얼굴을 쳐다보다가 슬픈 목소리로 대답했어요.

"받아쓰기는 외워서 써야 하니까요. 보고 쓰는 것은 반칙이잖아요."

그제야 선생님은 간디를 꼭 안아주었습니다. 그 부끄럼 많은 소심한 소년이 매우 정직하다라는 것을 알았으니까요.

　영국에서 유학한 간디는 런던 대학에서 법학을 공부했어요. 그리고 1891년 변호사 자격을 취득해 변호사 생활을 시작했습니다. 조국 인도가 식민지였지만 그의 삶은 평탄해 보였어요.

　그가 자유와 평등을 위해 싸우게 된 것은 '열차 사건' 때문입니다. 간디는 1년 계약으로 남아프리카공화국의 인도인 회사에서 근무하게 되었어요. 간디는 회사에서 끊어 준 일등석 표를 갖고 기차에 올랐어요. 일등석에는 모두 백인들이 앉아 있었습니다. 백인들이 힐끔힐끔 간디를 쳐다보았어요. 하지만 간디는 자신의 자리를 찾아가서 조용히 앉았어요.

"손님, 표를 좀 보여 주시겠습니까?"

역무원이 간디 옆으로 와서 물었어요. 간디는 일등석 표를 보여 주었어요.

"표가 일등석이어도 백인이 아니면 이곳에 앉을 수 없습니다."

간디는 황당했어요. 정당한 방법으로 표를 샀는데 자기 자리에 앉을 수 없다니요. 간디는 대꾸하지 않고 그대로 앉아 있었습니다. 그러자 역무원은 경찰관을 불렀어요. 경찰관은 간디를 기차 밖으로 끌어 내고 짐도 던져 버렸습니다. 간디는 그때 자신만을 위해 살면 안 된다는 것을 깨달았어요. 그리고 모두를 위해 할 수 있는 일을 찾아야겠다고 다짐했어요.

1914년 간디는 남아프리카공화국 정부의 사과를 받아 냈습니다. 그 과정에서 그는 세 차례나 감옥에 갔어요. 겁쟁이 소년의 모습은 이제 그에게 남아 있지 않았습니다. 백인들에게 뭇매를 맞으면서도 그는 결코 폭력을 사용하지 않았어요.

"진리를 향해 나아가는 길에는 오직 비폭력 정신만이 있을 뿐입니다."

그는 고국에 돌아와 인도 독립 운동에 헌신했어요. 22년 만에

귀국한 그는 전국을 돌아다니며 고국의 현실을 살펴보았습니다. 인도인들의 삶은 고통 그 자체였어요. 간디는 살림 공동체 아슈람을 만들었습니다. 무소유 공동체인 아슈람에 들어 온 사람은 누구나 일해야 했고, 신분에 상관없이 똑같은 월급을 받았어요.

간디는 공동체를 만드는 데 멈추지 않고, 계속해서 인도의 독립과 사람들이 행복하게 살기 위한 비폭력 투쟁을 벌였어요.

당시 인도 국민들은 영국의 식민 통치로 겪는 고통뿐 아니라, 인도 고유의 신분제인 카스트 때문에도 시달렸습니다. 카스트는 제1계급은 승려, 제2계급은 귀족과 무사, 제3계급은 일반인, 제4계급은 노비였어요. 그런데 이 계급에도 들지 못하고 인간 이하의 취급을 받는 최하층 불가촉천민도 있었어요. 간디는 불가촉천민을 아슈람에 들어 오게 했어요. 이들과 함께 간디는 영국에서 독립하기 위해 직접 물레를 돌리며 옷감을 짜서 입는 운동을 전개했습니다.

점점 간디를 따르고 지지하는 사람들이 많아졌어요. 이들 중에는 힘으로 독립하자는 사람도 많았습니다.

"제가 가장 두려워하는 것은 두 가지입니다. 첫째는 폭력으로 국민들이 희생되는 것입니다. 둘째는 그 폭력으로 화난 민중이

물레를 돌리는 간디

다시 폭력을 일으키는 것입니다."

간디는 사람들에게 어떤 일이 있어도 폭력은 안 된다고 강조했어요. 폭력으로 일어나면 폭력으로 망한다고 생각했지요. 1947년 마침내 인도는 영국으로부터 독립했어요. 간디는 정말로 기뻤습니다.

하지만 인도에는 종교적인 문제도 심각했어요. 불교·이슬람교·힌두교 신자들이 서로 갈등을 빚고 있었거든요. 간디는 이런 복잡한 상황 때문에 늘 죽음이 그의 곁에 있다고 생각했습니다. 결국 1948년 1월 30일 간디는 힌두교 광신자에게 피살당했어요. 피살당하기 며칠 전인 1월 26일 그는 친구들에게 이렇게 말했어요.

"만일 내가 광신자의 총탄에 죽게 되면, 웃으며 죽어 갈 것입니다. 그런 일이 일어나더라도 결코 눈물을 흘리지 마십시오."

간디의 비폭력 평화 투쟁은 세계인들을 무척 감동시켰어요. 간디는 1937년부터 1948년 암살되기 전까지 다섯 차례나 노벨 평화상 후보에 올랐습니다. 그리고 마침내 1948년 노벨 평화상 수상자로 확정됐지만 암살당하는 바람에 수상하지 못했어요. 1948년 노벨 평화상 수상자가 없는 이유는 그해 수상자가 바로 간디였기 때문입니다.